U0497908

精算异质性问题研究:
基于混合模型的视角

殷崔红○著

西南财经大学出版社

四川·成都

图书在版编目(CIP)数据

精算异质性问题研究:基于混合模型的视角/殷崔红著.—成都:西南
财经大学出版社,2023.7
ISBN 978-7-5504-5861-1

Ⅰ.①精… Ⅱ.①殷… Ⅲ.①保险精算—研究 Ⅳ.①F840.48

中国国家版本馆 CIP 数据核字(2023)第 131785 号

精算异质性问题研究:基于混合模型的视角
JINGSUAN YIZHIXING WENTI YANJIU:JIYU HUNHE MOXING DE SHIJIAO
殷崔红 著

责任编辑:何春梅
责任校对:周晓琬
封面设计:何东琳设计工作室
责任印制:朱曼丽

出版发行	西南财经大学出版社(四川省成都市光华村街 55 号)
网 址	http://cbs.swufe.edu.cn
电子邮件	bookcj@swufe.edu.cn
邮政编码	610074
电 话	028-87353785
照 排	四川胜翔数码印务设计有限公司
印 刷	四川五洲彩印有限责任公司
成品尺寸	170mm×240mm
印 张	9.75
字 数	165 千字
版 次	2023 年 7 月第 1 版
印 次	2023 年 7 月第 1 次印刷
书 号	ISBN 978-7-5504-5861-1
定 价	58.00 元

1. 版权所有,翻印必究。
2. 如有印刷、装订等差错,可向本社营销部调换。

前言

实际生活中有各种各样的数据。统计学总是试图分析、挖掘数据特征，为未来决策做准备。实务中获得的数据，受行业政策或需求等因素的影响，数据特征变得复杂多样。保险中的损失数据，是精算费率厘定和准备金评估的基础。但标的物的风险不同，使得用于刻画风险大小的索赔次数、赔款额和累积赔款额等数据特征具有异质性，因此对这些数据的研究模型也变得复杂。

混合模型是研究数据异质性的重要统计模型之一，其通过加权的方式混合一些经典理论分布，实现不同分量分布刻画不同特征的目的，其混合结构可以很好地解释数据的异质性。

本书将介绍一系列混合模型，并讨论其在精算费率厘定和未决赔款准备金评估中的应用。全书共七章，具体内容如下。

第一章 混合模型简介：介绍经典混合模型，包括混合模型的基本定义、相关参数解释和混合模型的形状图示等。

第二章 混合模型参数估计的一致性：混合模型是半参数统计模型，为实现参数估计，本章提出一种新的惩罚函数——iSCAD，将其应用于混合模型的参数估计，同时给出参数估计一致性证明。

第三章 左截断 Erlang 混合模型及其应用: Lee 和 Lin（2010）建立 Erlang 混合模型并将其应用于保险损失拟合中。针对保险数据存在免赔额问题,本章建立了左截断 Erlang 混合模型。

第四章 Erlang 极值混合模型及其应用: 保险赔付数据具有长尾性,其右尾部分的权重很小但不可删除。为克服这一缺陷,我们引入极值分布,用于拟合大于阈值 μ 的尾部数据,建立了 Erlang 极值混合模型。

第五章 开放式混合泊松模型及其应用: 为适应赔款次数的零膨胀、异质性和长尾性等多样化特征,我们建立了混合泊松模型,其中开放的序参数以适应特征多样化引起的特征数量的不确定性。

第六章 开放式混合泊松回归模型及其应用: 为给出不同风险特征的合理解释,并更精确地定价,本章先采用开放式混合泊松模型实现车险的自主风险分类;接着,通过泊松回归模型的回归结构研究不同保单类的影响因素,实现针对不同风险客户的分类和定价。

第七章 风险分类模型及其应用: 在进行未决赔款准备金估计时传统流量三角形中近期事故准备金的不稳定性和保单生效日期的不同,为准备金的估计带来新的挑战。本章提出风险分类模型,并将其用于改善近期未决赔款准备金估计。

本书主要介绍了 5 种混合模型,并讨论其在保险产品的费率厘定和准备金评估中的应用。这些混合模型的实际应用价值为:

（一）左截断 Erlang 混合模型解决了保险损失数据中免赔额、分布右偏和异质性等问题,对损失的风险度量有积极意义;

（二）Erlang 极值混合模型主要解决保险损失数据的长尾性问题,

极值分布的引入在一定程度上减少了混合模型的混合数，简化了模型，同时对具有长尾特征的损失给出更优的拟合；

（三）开放式混合泊松模型解决了索赔次数的零膨胀、异质性和长尾性等多风险造成的数据拟合不足问题，开放式结构可以根据风险水平的不同产生自适应性混合序；

（四）开放式混合泊松回归模型可以按风险水平对保单进行分类，同时对不同风险水平影响因素进行分析，进而对不同客户给出更合理的产品定价，即厘定与自身风险水平相匹配的费率；

（五）风险分类模型可以消除异常值对未决赔款准备金估计的影响，同时通过将保单按风险分类和充分利用保单有效期，实现了未决赔款准备金从微观到宏观的汇总研究；

（六）本书提出的惩罚函数 iSCAD 有效地解决了混合模型序的确定问题，既证明了序估计的一致性，又实现了序和模型参数估计的同步化，不再分步进行。

本书是混合模型相关理论研究的新成果，也有很好的应用价值。

（一）混合模型序的确定一直是混合模型研究面临的最大挑战。本书给出一种新的方法，即建立 iSCAD 惩罚函数，从分量分布选择的角度解决了混合模型序的确定问题。

（二）针对赔款额的左截断和厚尾性、赔款次数的零膨胀、累积赔付额的风险差异等问题，本书建立了左截断 Erlang 混合、Erlang 极值混合、开放式混合泊松回归和风险分类模型，这些模型改进了数据挖掘的方法，使模型更接近数据的真实特征，优化了精算研究中的费率厘定和未决赔款准备金估计等。

　　本书在编写过程中得到了林小东、袁海丽等专家的支持，在此向他们致以诚挚的谢意。感谢中央高校基本科研业务费专项（项目号：JBK210301，JBK2203004）的资助。同时感谢西南财经大学出版社的诸位编辑老师——正是他们的辛勤劳动使得本书顺利出版。

殷崔红

2023 年 4 月 26 日于成都

目录

第一章　混合模型简介

第一节　引言

　　由于混合模型在数据异质性挖掘方面的优越性,近二十年来,无论是数理理论还是实际应用方面,混合模型都受到越来越多的关注。在数理理论上,混合模型支持一系列统计方法,比如聚类、潜在类别分析、判别分析、图像分析和生存分析等。在实际应用方面,其已经应用于天文学、生物学、基因学、医学、工程学和经济学等领域的数据分析。在这些广泛的应用中,混合模型在建模数据的异质性方面表现最为突出。当数据具有分组结构时,不同组的特征存在差异,这使得数据具有明显的异质性,传统的单一分布难以拟合这种异质性。混合模型通过选择不同的分量分布,以加权的形式形成一个新的分布函数,其中不同的分量分布刻画不同组的特征,从而实现对数据异质性的刻画。

　　具有相同方差的有限混合正态分布可以逼近任意连续分布,因此该模型是最经典的有限混合模型之一。由于正态分布的对称性,该模型在很多近似对称数据分析中得到广泛应用。但保险数据具有长右尾、零膨胀等特性,不具有对称分布的结构,因此本书将研究怎样的混合模型适用于分析保险数据。

第二节　混合模型的相关术语

　　Lee 和 Lin(2010)建立了 Erlang 混合模型,这是最早应用于保险数据分析的混合模型。该模型用于分析损失额的异质性,其密度函数表示为

$$h(x;\alpha,\gamma,\theta) = \sum_{j=1}^{m} \alpha_j \frac{x^{\gamma_j-1} e^{-x/\theta}}{\theta^{\gamma_j}(\gamma_j-1)!}, x > 0 \qquad (1-1)$$

其中 $\theta > 0$ 是共用的尺度参数，$\gamma = (\gamma_1,\gamma_2,\cdots,\gamma_m)$ 是均为正整数的形状参数，不失一般性，令 $\gamma_1 < \gamma_2 < \cdots < \gamma_m$，而 $\alpha = (\alpha_1,\cdots,\alpha_m)$ 是混合权重系数。

通俗来说，Erlang 混合模型以加权的形式，将多个 Erlang 分布混合在一起，显然，每个分布由于形状参数的不同而具有不同的特征。当保险数据由于风险的不同有分组结构时，其中的单一 Erlang 分布可以用于拟合某一组的特征，这样不同的组采用不同的 Erlang 拟合，从而达到挖掘数据异质性的目的。

混合模型虽然在挖掘数据异质性上有很好的表现，但也面临一个不可回避的问题，即应该选择多少个 Erlang 分布形成混合模型。显然，这取决于数据本身包含几种风险类别。实际应用中，数据的风险类别数是未知的，即虽然根据数据来源可以判定数据存在不同的风险水平，但是到底有几种风险水平却是未知的。第二章将给出一种新的 iSCAD 惩罚函数，用于 Erlang 混合模型的参数估计，得权重参数的估计为

$$\hat{\pi}_j = \bar{q}_j I(\bar{q}_j > a\lambda) + \frac{M}{\lambda}(\bar{q}_j - \lambda)_+ I(\bar{q}_j \leqslant a\lambda) \qquad (1-2)$$

给出混合模型的序估计 $\hat{m} = \#\{\hat{\pi}_j | \hat{\pi}_j \neq 0, j = 1,\cdots,M\}$。显然这把混合序的选择问题转化为权重参数的估计问题，即通过删除权重参数为 0 的 Erlang 分布，最终在模型评估意义下，选择可以给出很好拟合效果的部分 Erlang 分布，从而实现混合序的确定。

第三节　Erlang 混合模型的应用

Erlang 混合模型广泛应用于保险数据，在破产理论和损失数据的拟合中都有良好的表现。保险破产理论中，当利用混合 Erlang 分布对损失额建模时，通常关注的一些指标都有显式表达式，例如无限时间破产概率，破产时刻的拉普拉斯变换等。这方面的文献可参考 Badescu et al.（2015），Landriault et al.（2009），Lin et al.（2000），Tsai et al.（2002）的论著。近几年，更多研究将 Erlang 混合模型用于拟合保险实际损失数据，它有很好的分布性质，例如分布函数和矩都有显式表达式，并且相关的风险度量 Valueat-risk（VaR）和 tail VaR（TVaR）比较容易计算。

Tijms（2003）证明 Erlang 混合模型在弱收敛的意义下可以无限逼近任意正分布，这说明 Erlang 混合模型可以以任意精度拟合任意正值数据，其在拟合异质性的数据方面表现尤其突出。Lee 和 Lin（2012）将 Expectation Maximization（EM）算法引入 Erlang 混合模型的估计中，利用迭代方法给出模型参数估计。基于 Teicher（1963）关于混合模型可识别性的讨论，本章的模型可识别性定义为：两个 Erlang 混合分布[式(1-1)]是相等的，当且仅当它们的尺度参数、形状参数和权重参数均分别相等。Erlang 混合模型的可识别性保证了 EM 算法最终收敛于唯一的值。Cossette et al.（2012, 2013），Lee et al.（2010），Porth et al.（2014），Verbelen et al.（2015）都对 Erlang 混合模型进行了相似研究。Verbelen et al.（2015）将双边截断引入 Erlang 混合模型，计算了再保险合同的纯保费。Lee 和 Lin（2012）提出多维 Erlang 混合模型，多维 Erlang 混合模型保留了一维 Erlang 混合模型的大部分有用的分布性质，同时也具有建模相依性的优势，与 Copula 方法相呼应。关于多维 Erlang 混合模型的相关文献可参考 Badescu et al.（2015），Hashorva et al.（2015），Verbelen et al.（2015），Willmot et al.（2015）的论著。

第二章　混合模型参数估计的一致性

本章旨在研究 Erlang 混合模型的极大惩罚似然估计的一致性,主要内容是:提出一种新的 iSCAD 惩罚函数,用于惩罚混合模型的权重参数,建立惩罚似然函数;基于文献(Redner, 1981)和一些必要的引理、定理证明了极大惩罚似然估计是一致的。本章的结构安排如下:第一节给出了本章研究中必要的定义和定理等预备知识以及一致性的相关文献;第二节介绍左截断为 l 的 Erlang 混合模型;第三节讨论一种新的惩罚权重参数的 iSCAD 惩罚函数;第四节首先给出一些必要的引理,在这个基础上,用定理 2-3 证明极大惩罚似然估计是一致的,得出混合模型序的估计是一致的的结论,最后讨论左截断为 l 的 Erlang 混合模型,当左截断 $l \geqslant 1$ 时,模型满足定理 2-3 的条件,即 iSCAD 应用于左截断 $l \geqslant 1$ 的 Erlang 混合模型时,得到的极大惩罚似然估计是一致的。

第一节　引言

一、预备知识

这部分主要给出一些本章研究中必要的定义和定理,为后面章节的研究做准备。这些内容主要参阅了 Amemiya(1985), Bartle(1995), Lehmann et al. (1998), Royden(1988), Teicher(1963)的文章。

定义 2-1　一致性

如果估计量 T_n 以概率收敛到真实参数 θ,即

$$P(\lim_{n \to \infty} T_n = \theta) = 1$$

则称参数 θ 的估计量 T_n 是一致的。

定义 2-2 可识别性

假设 $P = \{P_\theta : \theta \in \Theta\}$ 是统计模型,其中参数空间 Θ 可以是有限维的或者无限维的。如果映射 $\theta \to P_\theta$ 是一一对应的,即

$$P_{\theta_1} = P_{\theta_2} \Leftrightarrow \theta_1 = \theta_2, \ \theta_1, \theta_2 \in \Theta$$

则称 P 是可识别的。即不同的 θ 对应不同的概率分布:如果 $\theta_1 \neq \theta_2$,那么

$$P_{\theta_1} \neq P_{\theta_2}$$

关于混合模型的可识别性,Teicher(1963)给出了混合模型可识别的一些结论,其中讨论了有限个伽玛分布的混合,其识别性的结论见性质 2-1。

性质 2-1 混合模型的可识别性

在一定条件下,伽玛分布的有限混合类都是可识别的。

Erlang 分布是伽玛分布的形状参数取正整数时的特例,本章将依据性质 2-1 在第二节给出 Erlang 混合分布可识别性的定义(定义 2-3)。

一般认为实变函数中勒贝格控制收敛定理是判断积分和极限是否可交换的重要依据,该定理在后续证明中将使用。

定理 2-1 勒贝格控制收敛定理

设

1. f_n 是可测集 E 上的可测函数列;

2. $|f_n(x)| \leqslant F(x)$ a.e. 于 E,$n = 1, 2, \cdots$,且 $F(x)$ 于 E 上可积分[称 $f_n(x)$ 被 $F(x)$ 所控制,而 $F(x)$ 为控制函数];

3. $\lim_{n \to \infty} f_n(x) = f(x)$。

则 $f(x)$ 在 E 上可积分,且

$$\lim_{n \to \infty} \int_E f_n(x) \, dx = \int_E f(x) \, dx$$

二、一致性的文献综述

混合模型在保险中已得到广泛应用,比如分布拟合、风险指数 VaR 和 TVaR 的计算等。相关的文献可参考 Lin et al. (2000),Tsai et al. (2002),Landriault et al. (2009),Lee et al. (2010),Barges et al. (2013),Cossette et al. (2013),Porth et al. (2014),Verbelen et al. (2015),Hashorva et al. (2015),Verbelen et al. (2015),Willmot et al. (2015),Badescu et al. (2015)的论著,这些研究谈论了混合模型在保险应用中的不同问题,对混合模型中的序估计都做了简化处理,比如采用 BIC。

关于混合模型序的估计研究,目前主要围绕高斯混合模型展开,可参考 Leroux(1992),Chen et al.(1996),Dacunha et al.(1997),Dacunha et al.(1999),James et al.(2001),Keribin(2000),Ciuperca et al.(2003),Ahn(2009),Chen et al.(2009),Chen et al.(2012)等学者的文献研究。但 Erlang 混合模型是非高斯的混合模型,其混合序的估计与高斯混合模型有所不同。

有限混合模型的参数包括混合模型的序、混合权重和分量模型的参数。少数文献中假设混合模型的序是已给定的,比如 Ahn(2009)及 Ciuperca(2003)的文章。事实上,确定混合模型的序是不可避免的,关于这方面的研究主要有:Chen 和 Kalbfleisch(1996)建议最小化真实分布和估计分布之间的距离,达到最小距离的模型的序即为所求,James(2001)采用不同距离做了比较研究;Chen 和 Li(2009)讨论了假设检验法,Chen et al.(2012),Dacunha et al.(1997,1999)做了相似的研究;更方便的方法是惩罚似然函数法,即在似然函数中引入某种惩罚函数,极大化惩罚似然函数。在混合模型研究领域,学者关于惩罚函数的讨论,首先是信息准则,比如 AIC 和 BIC。Leroux(1992)证明了 BIC 至少不会低估混合模型的序,Keribin(2000)证明了 BIC 估计具有相同方差 σ^2 的高斯混合分布的序满足一致性。Lee 和 Lin(2012),Verbelen et al.(2015)将 BIC 用于 Erlang 混合模型,但均未讨论估计量相应的统计性质。Chen 和 Khalili(2008)提出一种新的惩罚 MSCAD,通过聚类和合并分量分布确定高斯混合分布的序。值得注意的是,Erlang 分布的形状参数是整数,离散的情况无法使用 Chen 和 Khalili(2008)的合并思想。

回归分析中,尤其是稀疏的广义线性模型中,我们通常都使用惩罚函数来实现变量的选择。Fan 和 Li(2001)提出了惩罚回归系数的带平滑剪切绝对偏差(smoothly clipped absolute deviation,SCAD)函数,得到的回归系数估计具有稀疏性,实现了变量选择,类似的研究文献还有 Donoho et al.(1994),Tibshirani(1996)的文献。线性模型和混合模型都具有相似的线性结构,本章将回归模型中变量选择的思想用于混合模型中分量模型的选择,借鉴 Fan 和 Li(2001)建立 SCAD 惩罚的想法,提出一种新的惩罚 iSCAD,用于 Erlang 混合模型的估计,并使得估计具有一致性,其中权重参数的估计还满足三个优良的性质:无偏性、稀疏性和连续性。

第二节 左截断 Erlang 混合模型

首先,给出 Erlang 分布的密度函数

$$g(x;\gamma,\theta) = \frac{x^{\gamma-1}\,e^{-x/\theta}}{\theta^{\gamma}(\gamma-1)!} \tag{2-1}$$

其中 γ 是形状参数（shape parameter）,取值为正整数, $\theta > 0$ 是尺度参数（scale parameter）,倒数 $1/\theta$ 是率参数（rate parameter）。

相应的生存函数为

$$\bar{G}(x;\gamma,\theta) = \sum_{k=0}^{\gamma-1} e^{-x/\theta}\frac{(x/\theta)^k}{k!} \tag{2-2}$$

将 m 个不同的 Erlang 分布以权重 $\alpha = (\alpha_1,\cdots,\alpha_m)$ 混合,得混合 Erlang 分布的密度函数是

$$h(x;\alpha,\gamma,\theta) = \sum_{j=1}^{m} \alpha_j g(x;\gamma_j,\theta) = \sum_{j=1}^{m} \alpha_j \frac{x^{\gamma_j-1}\,e^{-x/\theta}}{\theta^{\gamma_j}(\gamma_j-1)!} \tag{2-3}$$

其中正整数向量 $\gamma = (\gamma_1,\gamma_2,\cdots,\gamma_m)$ 是由 Erlang 混合模型中不同 Erlang 分布的形状参数组成的,而 $\theta > 0$ 是 Erlang 混合模型中不同 Erlang 分布共有的尺度参数。为了便于后面可识别性的说明,假设形状参数 γ 满足 $\gamma_1 \leqslant \gamma_2 \leqslant \cdots \leqslant \gamma_m$,与之对应的 Erlang 分布的权重参数为 $\alpha = (\alpha_1,\alpha_2,\cdots,\alpha_m)$,其满足 $\alpha_j \geqslant 0$ 和 $\sum_{j=1}^{m} \alpha_j = 1(j = 1,\cdots,m)$。

设 l 是左截断点,那么左截断的 Erlang 混合模型的密度函数是

$$\begin{aligned}
h(x;l,\alpha,\gamma,\theta) &= \frac{h(x;\alpha,\gamma,\theta)}{\bar{H}(l;\alpha,\gamma,\theta)} = \sum_{j=1}^{m} \alpha_j \frac{g(x;\gamma_j,\theta)}{\bar{H}(l;\alpha,\gamma,\theta)}\\
&= \sum_{j=1}^{m} \alpha_j \frac{\bar{G}(l;\gamma_j,\theta)}{\bar{H}(l;\alpha,\gamma,\theta)}\frac{g(x;\gamma_j,\theta)}{\bar{G}(l;\gamma_j,\theta)}\\
&= \sum_{j=1}^{m} \pi_j g(x;l,\gamma_j,\theta) \triangleq h(x;l,\pi,\gamma,\theta)
\end{aligned} \tag{2-4}$$

其中

$$\pi_j = \alpha_j \frac{\bar{G}(l;\gamma_j,\theta)}{\bar{H}(l;\alpha,\gamma,\theta)} \tag{2-5}$$

$\bar{H}(x;\alpha,\gamma,\theta)$ 是 $h(x;\alpha,\gamma,\theta)$ 的生存函数。

显然,式(2-4)是左截断为 l 的 Erlang 密度函数 $g(x;l,\gamma_j,\theta)$ 关于权重参数 π 的混合,相应的生存函数是

$$\overline{H}(x;l,\pi,\gamma,\theta) = \sum_{j=1}^{m} \pi_j \frac{\overline{G}(x;\gamma_j,\theta)}{\overline{G}(l;\gamma_j,\theta)} \qquad (2\text{-}6)$$

其中权重参数 $\pi = (\pi_1,\cdots,\pi_m)$,其满足 $\pi_j \geqslant 0$ 和 $\sum_{j=1}^{m} \pi_j = 1$.

在第一节已提过混合模型的可识别性,下面给出 Erlang 混合模型(或者共有左截断 l 的 Erlang 混合模型)可识别的具体定义。

定义 2-3　Erlang 混合模型可识别性

如果

$$\sum_{j=1}^{m} \pi_{1,j} g_{\gamma_{1,j}} = \sum_{j=1}^{m} \pi_{2,j} g_{\gamma_{2,j}} \, a.e. \Leftrightarrow \sum_{j=1}^{m} \pi_{1,j} \delta_{\gamma_{1,j}} = \sum_{j=1}^{m} \pi_{2,j} \delta_{\gamma_{2,j}} \qquad (2\text{-}7)$$

则称 Erlang 混合模型(或者共有左截断 l 的 Erlang 混合模型)是可识别的。

第三节　惩罚函数

一、SCAD 惩罚函数

Fan 和 Li (2001)给出惩罚回归模型回归系数的 SCAD(smoothly clipped absolute deviation penalty) 惩罚,这一惩罚函数保证了回归系数的估计具有阈值结构,即式(2-8):

$$\hat{\theta} = \begin{cases} \mathrm{sgn}(z)(|z| - \lambda)_+ & \text{if } |z| < 2\lambda \\ \{(a-1)z - \mathrm{sgn}(z)a\lambda\}/(a-2) & \text{if } 2\lambda < |z| < a\lambda \\ z & \text{if } |z| > a\lambda \end{cases} \qquad (2\text{-}8)$$

这个结构在线性回归模型中同时实现了变量的选择和线性系数的估计,且估计量满足三个优良的性质:稀疏性、无偏性和连续性。

二、iSCAD 惩罚函数

混合模型和线性模型在线性结构上是相似的,且混合模型中关于分量模型的选择与线性模型中的变量选择也相似。Donoho 和 Johnstone(1994),Fan 和 Li(2001)讨论并比较了常用的惩罚函数。Fan 和 Li(2001)提出的 SCAD 惩罚函数因其优良的性质脱颖而出:无偏性、连续性和稀疏性。Chen

和 Khalili(2008)基于 Fan 和 Li(2001)的 SCAD 惩罚,提出应用于混合正态模型的惩罚函数 MSCAD,通过聚类和合并分量正态分布的均值参数,确定混合模型的序。但是 MSCAD 函数不适合本章考虑的 Erlang 混合模型,因为形状参数 γ 是正整数,它的离散性使得 Chen 和 Khalili(2008)建议的合并方法行不通。本章尝试设计一个新的惩罚函数,就像 SCAD 惩罚在线性模型的变量选择中所做的那样,通过惩罚混合模型的权重参数,实现混合模型的分量分布的选择,确定混合模型的序。因此本章提出新的惩罚函数 iSCAD,针对每一个分量权重参数 $\pi_j, j = 1, \cdots, m$,定义 iSCAD 惩罚为

$$P_{\varepsilon,\lambda}(\pi_j) = \lambda \left\{ \log \frac{a\lambda + \varepsilon}{\varepsilon} + \frac{a^2\lambda^2}{2} - \frac{a\lambda}{a\lambda + \varepsilon} \right\} I(\pi_j > a\lambda) +$$

$$\lambda \left\{ \log \frac{\pi_j + \varepsilon}{\varepsilon} - \frac{\pi_j^2}{2} + \left(a\lambda - \frac{1}{a\lambda + \varepsilon} \right) \pi_j \right\} I(\pi_j \le a\lambda) \quad (2\text{-}9)$$

其中 $I(\cdot)$ 是示性函数。为给出惩罚函数的直观认识,图 2-1 给出 iSCAD 惩罚函数的散点图。

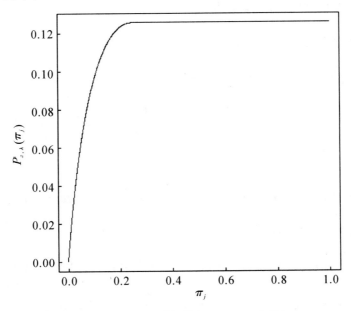

图 2-1　iSCAD 惩罚函数($\lambda = 0.2, \varepsilon = 0.09$)

三、iSCAD 惩罚函数参数的解释

iSCAD 惩罚函数含有 λ, ε, a 多个参数。

①λ 是调整参数（tuning parameter），λ 是样本容量 n 的函数，当 $n \to \infty, \lambda \to 0$。本章给定 $\lambda = \dfrac{C(m)}{\sqrt{n}}$，其中 $C(m)$ 是混合模型的序 m 的减函数，但是也可能根据具体问题取其他形式。

②给定 $a = \dfrac{m}{m - \lambda} > 0$，其中 m 是混合序，这保证分量权重 π_j 的估计量 $\hat{\pi}_j$ 是连续的，见式(3-7)及其后段落的解释。

③参数 $\varepsilon > 0$，当 $n \to \infty, \varepsilon \to 0$，这保证 π_j 的取值范围包括 0，给定 $\varepsilon = \lambda^{3/2}$，这保证了 $\lim_{n \to \infty} P_{\varepsilon, \lambda}(\pi_j) = 0$［证明过程见下文］，Leroux（1992）在这个条件下得出混合模型序的估计不会被低估的结论。

四、iSCAD 惩罚函数的性质

iSCAD 惩罚函数关于 π_j 的一阶导数为

$$P'_{\varepsilon, \lambda}(\pi_j) = \lambda \left\{ \frac{1}{\pi_j + \varepsilon} - \pi_j + \left(a\lambda - \frac{1}{a\lambda + \varepsilon} \right) \right\} I(\pi_j \leqslant a\lambda)$$

$$= \lambda(a\lambda - \pi_j) \left\{ 1 + \frac{1}{(\pi_j + \varepsilon)(a\lambda + \varepsilon)} \right\} I(\pi_j \leqslant a\lambda) \quad (2\text{-}10)$$

$P_{\varepsilon, \lambda}(\pi_j)$ 和 $P'_{\varepsilon, \lambda}(\pi_j)$ 的性质：

①$P_{\varepsilon, \lambda}(\pi_j)$ 和 $P'_{\varepsilon, \lambda}(\pi_j)$ 关于 π_j 都是连续的；

②$P'_{\varepsilon, \lambda}(\pi_j) \geqslant 0$，则 $P_{\varepsilon, \lambda}(\pi_j)$ 关于 π_j 是增函数，易知 $P_{\varepsilon, \lambda}(0) = 0$，从而 $0 \leqslant P_{\varepsilon, \lambda}(\pi_j) \leqslant \lambda \left\{ \log \dfrac{a\lambda + \varepsilon}{\varepsilon} + \dfrac{a^2 \lambda^2}{2} - \dfrac{a\lambda}{a\lambda + \varepsilon} \right\}$；

③$P''_{\varepsilon, \lambda}(\pi_j) \leqslant 0$，则 $P'_{\varepsilon, \lambda}(\pi_j)$ 关于 π_j 是减函数，说明 iSCAD 惩罚函数是凹函数。

第三章利用 EM 算法来研究极大化惩罚似然函数，得到的混合权重 π_j 的估计见式(3-7)。其中调整参数 λ 作为权重参数估计的下界，删除权重低于下界的分量分布，避免了过拟合，保证了拟合的精度；同时，iSCAD 惩罚函数使得权重参数的估计满足无偏性和连续性。

④Leroux（1992）的论文中的定理 4 得出了混合模型序不会被低估的结

论,其中关于惩罚函数的一个条件是:对任一 $m < m_0$, $\limsup_{n\to\infty} p_{\varepsilon_n,\lambda_n}(\pi_j) = 0$, $j = 1, \cdots, m$, iSCAD 惩罚函数式 (2-9) 关于 π_j 是有界增函数,故只需考虑上界 $P_{\varepsilon_n,\lambda_n}(\pi_i) = \lambda_n \left\{ \log \dfrac{a\lambda_n + \varepsilon_n}{\varepsilon_n} + \dfrac{a^2\lambda_n^2}{2} - \dfrac{a\lambda_n}{a\lambda_n + \varepsilon_n} \right\} I(\pi_i > a\lambda_n)$,从而有

$$
\begin{aligned}
\limsup_{n\to\infty} p_{\varepsilon_n,\lambda_n}(\pi_i) &= \limsup_{n\to\infty} \lambda_n \left\{ \log \frac{a\lambda_n + \varepsilon_n}{\varepsilon_n} + \frac{a^2\lambda_n^2}{2} - \frac{a\lambda_n}{a\lambda_n + \varepsilon_n} \right\} \\
&= \limsup_{n\to\infty} [\lambda_n (\log(a\lambda_n + \varepsilon_n))] - \limsup_{n\to\infty} (\lambda_n \log \varepsilon_n) \\
&\quad + \limsup_{n\to\infty} \lambda_n \left(\frac{a^2\lambda_n^2}{2} - \frac{a\lambda_n}{a\lambda_n + \varepsilon_n} \right) \\
&= \limsup_{n\to\infty} \frac{\dfrac{1}{a\lambda_n + \varepsilon_n}}{-\dfrac{1}{\lambda_n^2}} - \limsup_{n\to\infty} \frac{\dfrac{1}{\varepsilon_n}}{-\dfrac{1}{\lambda_n^2}} - 0 \\
&= \limsup_{n\to\infty} \frac{-\lambda_n}{a + \lambda_n^{\frac{1}{2}}} + \limsup_{n\to\infty} \lambda_n^{\frac{1}{2}} = 0
\end{aligned}
\tag{2-11}
$$

其中 $\varepsilon_n = \lambda_n^{\frac{3}{2}}$。

第四节　主要证明结果

一、相关条件的讨论

为简化符号,我们将左截断 l 的 Erlang 混合密度,式 (2-4) 重新表示为

$$
h(x;\varphi) = \sum_{j=1}^{m} \pi_j g(x;l,\gamma_j,\theta)
\tag{2-12}
$$

其待估参数集合为 $\Phi = \{\varphi = (\pi_1, \cdots, \pi_m, \theta) : 0 \leq \pi_j \leq 1, j = 1, \cdots, m, \sum_{j=1}^{m} \pi_j = 1, \theta > 0\}$。真实参数为 $\varphi_0 = (\pi_{0,1}, \cdots, \pi_{0,m}, \theta_0)$, $\varphi_0 \in \Phi$。形状参数 γ 不直接用极大惩罚似然函数法来估计。

关于参数集 Φ 的形式,此处给出一个例子来说明,假设真实混合 Erlang 模型是

$$
h(x;\varphi_0) = 0.2 \cdot g(x;l,2,0.8) + 0.5 \cdot g(x;l,3,0.8) + 0.3 \cdot g(x;l,5,0.8)
$$

$$(2-13)$$

记 $\varphi_0 = (0,0.2,0.5,0,0.3,0,\cdots,0,0.8)$ 共 $m+1$ 个数值,即默认缺失的分量分布相应权重为零,$m_0 = \#\{\pi_{0,j} \neq 0, j = 1,\cdots,m\} = 3$,即真实混合序只包括相应真实权重参数非零的 Erlang 分布。

设 $X = (X_1,\cdots,X_n)$ 是容量为 n 的独立同分布随机变量,服从 Erlang 混合密度函数 $h(x;\varphi) = \sum_{j=1}^{m} \pi_j g(x;l,\gamma_j,\theta)$,设 $x = (x_1,\cdots,x_n)$ 是样本观测值,相应对数似然函数是

$$l_n(\varphi) = \sum_{i=1}^{n} \log h(x_i;\varphi) = \sum_{i=1}^{n} \log\left(\sum_{j=1}^{m} \pi_j g(x_i;l,\gamma_j,\theta)\right) \qquad (2-14)$$

引入 iSCAD 惩罚,样本 $x = (x_1,\cdots,x_n)$ 的惩罚似然函数是

$$
\begin{aligned}
f_n(X_1,\cdots,X_n;\varphi) &= \prod_{i=1}^{n} h(X_i;\varphi) \, exp\left\{-n\sum_{j=1}^{m} P_{\varepsilon,\lambda}(\pi_j)\right\} \\
&= \prod_{i=1}^{n} \left[h(X_i;\varphi) \, exp\left\{-\sum_{j=1}^{m} P_{\varepsilon,\lambda}(\pi_j)\right\}\right] \\
&= \prod_{i=1}^{n} f_1(X_i;\varphi) \qquad (2-15)
\end{aligned}
$$

其中 $f_1(X_i;\varphi) = h(X_i;\varphi) \, exp\left\{-\sum_{j=1}^{m} P_{\varepsilon,\lambda}(\pi_j)\right\}$。

样本 $x = (x_1,\cdots,x_n)$ 的惩罚对数似然函数是

$$
\begin{aligned}
\log f_n(X_1,\cdots,X_n;\varphi) &= \sum_{i=1}^{n} \log h(x_i;\varphi) - n\sum_{j=1}^{m} P_{\varepsilon,\lambda}(\pi_j) \\
&= l_n(\varphi) - n\sum_{j=1}^{m} P_{\varepsilon,\lambda}(\pi_j) \qquad (2-16)
\end{aligned}
$$

接下来要考虑的是,极大化惩罚对数似然函数 $\log f_n(X_1,\cdots,X_n;\varphi)$ 估计的一致性。

Wald(1949) 给出经典的极大似然估计一致性的证明,基于 Wald(1949)和 Redner(1981)证明适当条件下,混合模型的极大似然估计是一致的。其后一些学者研究了带不同惩罚函数的极大似然估计,当惩罚函数满足一定条件时,它们的极大惩罚似然估计是一致的,这方面的文献主要可参考 Ahn(2009),Chen et al. (2008),Ciuperca et al. (2003)等的文章。

借鉴上述文献,本章讨论 iSCAD 惩罚极大似然估计的一致性证明,首先给出需要的所有条件:

条件一,参数空间 Θ 是可测的,其任一闭的有界子集是紧集;

在给出其他条件之前,先定义两个函数,设 $N_\rho(\theta)$ 是以 θ 为中心,以 ρ 为半径的球,对每一个 $\theta \in \Theta$ 和任意的正实数 ρ,定义

$$g(x;\theta,\rho) = \sup_{\theta' \in N_\rho(\theta)} g(x;\theta')$$

$$g^*(x;\theta,\rho) = \max(1,g(x;\theta,\rho))$$

条件二,对每一个 θ 和充分小的正实数 ρ,函数 $f(x;\theta,\rho)$ 是可测的,且

$$\int \log g^*(x;\theta,\rho)\,\mathrm{d}\mu_{\theta_0} < \infty$$

条件三,对参数 $(\theta,\theta') \in \Theta \times \Theta$

$$\int |\log g(x;\theta)|\,\mathrm{d}\mu_{\theta'} < \infty$$

条件四,如果序列 $\theta_n \to \theta$,那么 $g(x;\theta_n) \to g(x;\theta)$;

条件五,对任一 $m \geqslant m_0$,有 $\sum_{j=1}^m P_{\varepsilon,\lambda}(\pi_j) - \sum_{j=1}^{m_0} P_{\varepsilon,\lambda}(\pi_{0,j}) \geqslant 0$。

二、有用的引理结果

这部分给出一些有用的引理,为后面定理的证明做准备。设随机变量 X 服从密度函数 $h(x,\varphi)$,类似上面定义的两个函数,设 $N_\rho(\varphi)$ 是以 φ 为中心,以 ρ 为半径的球,对每一个 $\varphi \in \Phi$ 和任意的正实数 ρ,定义

$$h(x;\varphi,\rho) = \sup_{\varphi' \in N_\rho(\varphi)} h(x;\varphi')$$

$$h^*(x;\varphi,\rho) = \max(1,h(x;\varphi,\rho))$$

对任意 $\varphi \times \varphi \in \Phi \times \Phi$, 定义距离 $d(\varphi,\varphi') = \sum_{j=1}^m \arctan|\pi_j - \pi_j'| + |\theta - \theta'|$, 在这些内容的基础上,给出卜面的引理:

首先从左截断 Erlang 混合模型开始,假设免赔额为 l, 则其密度为

$$g_\theta(x;l,\gamma_j) = \frac{g(x;\gamma_j,\theta)}{\overline{G}(l;\gamma_j,\theta)},x > l \tag{2-17}$$

其中 $j = 1,\cdots,m$. 参数空间记为 $\Theta = \{\theta:c_1 \leqslant \theta \leqslant c_2,\}$,其中 c_1 和 c_2 是正常数,真实参数记为 $\theta_0 \in \Theta$。

引理 2-1 基于参数 $\theta \in \Theta$ 和任意小 $\rho_\theta > 0$,定义

$$g_{\theta,\rho_\theta}(x;l,\gamma_j) = \sup_{\theta'}\{g_{\theta'}(x;l,\gamma_j) : |\theta - \theta'| \leqslant \rho_\theta, \theta' \in \Theta\}$$

和

$$g_{\theta,\rho_\theta}^*(x;l,\gamma_j) = \max(1,g_{\theta,\rho_\theta}(x;l,\gamma_j))$$

则有

$$\int_l^\infty \log g_{\theta,\rho_\theta}^*(x;l,\gamma_j) \, \mathrm{d} \, G_{\theta_0}(x;l,\gamma_j) \, < \, \infty$$

和

$$\int_l^\infty |\log g_\theta(x;l,\gamma_j)| \mathrm{d} \, G_{\theta_0}(x;l,\gamma_j) \, < \, \infty$$

证明：当 $\gamma_j > 1$，概率密度函数式(2-17)的上界为

$$g_\theta(x;l,\gamma_j) = \frac{g(x;\gamma_j,\theta)}{\bar{G}(l;\gamma_j,\theta)} = \frac{x^{\gamma_j-1} \, e^{-x/\theta}}{\bar{G}(l;\gamma_j,\theta) \, \theta^{\gamma_j}(\gamma_j-1)!}$$

$$\leqslant \frac{(\gamma_j-1)^{\gamma_j-1} \, e^{-(\gamma_j-1)}}{\bar{G}(l;\gamma_j,\theta)\theta(\gamma_j-1)!}$$

当 $\gamma_j = 1$ 且 $x \geqslant l$，概率密度函数式(2-17)的上界为

$$g_\theta(x;l,\gamma_j=1) = \frac{e^{-x/\theta}}{\bar{G}(l;\gamma_j=1,\theta)\theta} \leqslant \frac{e^{-l/\theta}}{\bar{G}(l;\gamma_j=1,\theta)\,\theta}$$

定义 $B(\theta) = \max \left\{ \dfrac{(\gamma_j-1)^{\gamma_j-1} \, e^{-(\gamma_j-1)}}{\bar{G}(l;\gamma_j,\theta)\theta(\gamma_j-1)!}, \dfrac{e^{-l/\theta}}{\bar{G}(l;\gamma_j=1,\theta)\,\theta}, 1 \right\}$。显然，

$g_\theta(x;l,\gamma_j) \leqslant B(\theta)$。因此，有

$$\int_l^{+\infty} \log g_{\theta,\rho_\theta}^*(x;l,\gamma_j) \mathrm{d} \, G_{\theta_0}(x;l,\gamma_j)$$

$$= \int_l^{+\infty} \log(\max\{1,g_{\theta,\rho_\theta}(x;l,\gamma_j)\}) \, \mathrm{d} \, G_{\theta_0}(x;l,\gamma_j)$$

$$\leqslant \int_{\{x|g_{\theta,\rho_\theta}(x;l,\gamma_j)>1,x\geqslant l\}} \log \sup_{|\theta'-\theta|\leqslant \rho_\theta} B(\theta') \mathrm{d} \, G_{\theta_0}(x;l,\gamma_j) \, < \, \infty$$

为证明 $\int_l^{+\infty} |\log g_\theta(x;l,\gamma_j)| \mathrm{d} \, G_{\theta_0}(x;l,\gamma_j) < \infty$，给出

$$\int_l^{+\infty} |\log g_\theta(x;l,\gamma_j)| \mathrm{d} \, G_{\theta_0}(x;l,\gamma_j) = \int_l^{+\infty} \left| \log \frac{g(x;\gamma_j,\theta)}{\bar{G}(l;\gamma_j,\theta)} \right| \mathrm{d} \, G_{\theta_0}(x;l,\gamma_j)$$

$$= \int_l^{+\infty} \left| (\gamma_j-1)\log x - \frac{x}{\theta} \right| \mathrm{d} \, G_{\theta_0}(x;l,\gamma_j) + C_1(j)$$

$$= \int_l^1 \left| (\gamma_j-1)\log x - \frac{x}{\theta} \right| \mathrm{d} \, G_{\theta_0}(x;l,\gamma_j)$$

$$+ \int_1^{+\infty} \left| (\gamma_j-1)\log x - \frac{x}{\theta} \right| \mathrm{d} \, G_{\theta_0}(x;l,\gamma_j) + C_1(j)$$

$$\leqslant \left(\gamma_j - 1 + \frac{1}{\theta} \right) \int_1^{+\infty} x \mathrm{d} \, G_{\theta_0}(x;l,\gamma_j) + C_2(j) \, < \, \infty$$

其中 $C_1(j) = |\log(\theta^{\gamma_j}(\gamma_j - 1)! \, \bar{G}(l;\gamma_j,\theta))|$ 和 $C_2(j) = C_1(j) +$ $\left(|(\gamma_j - 1)\log l| + \dfrac{1}{\theta}\right)(G_{\theta_0}(1;l,\gamma_j) - G_{\theta_0}(l;l,\gamma_j))$ 是常数,$j = 1,\cdots,m$。

下面将引理 2-1 的结论扩展到 Erlang 混合模型中,证明过程类似 Redner(1981)的证明。Erlang 混合模型的参数空间为

$$\Phi = \left\{\varphi = (\pi_1,\cdots,\pi_m,\theta): \sum_{j=1}^{m}\pi_j = 1, \pi_j \geqslant 0, 0 < c_1 \leqslant \theta \leqslant c_2\right\}$$

真实参数记为 $\varphi_0 = (\pi_{0,1},\cdots,\pi_{0,m_0},0,\cdots,0,\theta_0) \in \Phi$,其中 $m_0 \leqslant m, \pi_{0,j} > 0, j = 1,\cdots,m_0$。对任意 $\varphi',\varphi \in \Phi$,其距离为 $|\varphi' - \varphi| = \sum_{j=1}^{m}\arctan|\pi_j' - \pi_j| + |\theta' - \theta|$。

设免赔额为 $l > 0$,则左截断 Erlang 混合模型为

$$h(x;\varphi) = \sum_{j=1}^{m}\pi_j g_\theta(x;l,\gamma_j), \quad x > l \tag{2-18}$$

其中 $\gamma_j, j = 1,\cdots,m$,相应累积分布函数为 $H(x;\varphi)$。

引理 2-2 对于 $\varphi \in \Phi$ 和充分小的 $\rho_\varphi > 0$,定义

$$h(x;\varphi,\rho_\varphi) = \sup_{\varphi'}\{h(x;\varphi'):|\varphi' - \varphi| \leqslant \rho_\varphi, \varphi' \in \Phi\}$$

和

$$h^*(x;\varphi,\rho_\varphi) = \max(1,h(x;\varphi,\rho_\varphi))$$

则有

$$\int_l^\infty \log h^*(x;\varphi,\rho_\psi)\,\mathrm{d}H(x;\varphi_0) < \infty$$

和

$$\int_l^\infty |\log h(x;\varphi)|\,\mathrm{d}H(x;\varphi_0) < \infty$$

证明:第一个不等式为

$$\int_l^\infty \log h^*(x;\varphi,\rho_\varphi)\,\mathrm{d}H(x;\varphi_0)$$

$$= \int_l^\infty \log\max\left\{1, \sup_{|\varphi'-\varphi|\leqslant\rho_\varphi}\sum_{j=1}^{m}\pi_j' g_{\theta'}(x;l,\gamma_j)\right\}\mathrm{d}H(x;\varphi_0)$$

$$\leqslant \int_l^\infty \log\max\left\{1, \sup_{|\varphi'-\varphi|\leqslant\rho_\varphi}g_{\theta'}(x;l,\gamma_1), \cdots, \sup_{|\varphi'-\varphi|\leqslant\rho_\varphi}g_{\theta'}(x;l,\gamma_m)\right\}\mathrm{d}H(x;\varphi_0)$$

$$\leqslant \sum_{j=1}^{m}\int_l^\infty \log\max\left\{1, \sup_{|\varphi'-\varphi|\leqslant\rho_\varphi}g_{\theta'}(x;l,\gamma_j)\right\}\mathrm{d}H(x;\varphi_0)$$

$$= \sum_{j=1}^{m} \int_{l}^{\infty} \log g_{\theta,\rho_{\varphi}}^{*}(x;l,\gamma_j) \, \mathrm{d}H(x;\varphi_0) < \infty$$

下面证明第二个不等式,设 $A_1 = \{x \in [l,\infty) \mid \sum_{j=1}^{m} \pi_j g_{\theta}(x;l,\gamma_j) \geq 1\}$ 和 $A_2 = [l,\infty) A_1$,那么

$$\int_{l}^{\infty} \left| \log \sum_{j=1}^{m} \pi_j g_{\theta}(x;l,\gamma_j) \right| \mathrm{d}H(x;\varphi_0)$$

$$= \int_{A_1} \left| \log \sum_{j=1}^{m} \pi_j g_{\theta}(x;l,\gamma_j) \right| \mathrm{d}H(x;\varphi_0) + \int_{A_2} \left| \log \sum_{j=1}^{m} \pi_j g_{\theta}(x;l,\gamma_j) \right| \mathrm{d}H(x;\varphi_0)$$

$$\leq \int_{A_1} \left| \log \max_{j} g_{\theta}(x;l,\gamma_j) \right| \mathrm{d}H(x;\varphi_0) + \int_{A_2} \left| \sum_{j=1}^{m} \pi_j \log g_{\theta}(x;l,\gamma_j) \right| \mathrm{d}H(x;\varphi_0)$$

$$\leq \sum_{j=1}^{m} \int_{A_1} \left| \log g_{\theta}(x;l,\gamma_j) \right| \mathrm{d}H(x;\varphi_0) + \sum_{j=1}^{m} \int_{A_2} \left| \log g_{\theta}(x;l,\gamma_j) \right| \mathrm{d}H(x;\varphi_0)$$

$$\leq \sum_{j=1}^{m} \int_{l}^{\infty} \left| \log g_{\theta}(x;l,\gamma_j) \right| \mathrm{d}H(x;\varphi_0) < \infty$$

下面将讨论对数惩罚似然函数的期望。

引理 2-3 假设当 $m \geq m_0$,$\varphi \in \Phi$,有 $\sum_{j=1}^{m} P_{\lambda}(\pi_j) \geq \sum_{j=1}^{m_0} P_{\lambda}(\pi_{0,j})$,则

$$L(\varphi) = \mathbb{E}_0 \log f_1(X;\varphi) < \mathbb{E}_0 \log f_1(X;\varphi_0) = L(\varphi_0) \ , \varphi \neq \varphi_0$$

证明:基于引理 2-2,有

$$\mathbb{E}_0 \left| \log f_1(X;\varphi_0) \right| \leq \mathbb{E}_0 \left| \log h(X;\varphi_0) \right| + \sum_{j=1}^{m_0} P_{\lambda}(\pi_{0,j}) < \infty \ , \varphi_0 \in \Phi.$$

$$(2-19)$$

基于混合模型的可识别性,设 $U = \log f_1(X;\varphi) - \log f_1(X;\varphi_0)$,$U \neq 0$,有

$$\mathbb{E}_0 [e^U] = \mathbb{E}_0 \left[\frac{f_1(X;\varphi)}{f_1(X;\varphi_0)} \right] = exp \left\{ - \left(\sum_{j=1}^{m} P_{\lambda}(\pi_j) - \sum_{j=1}^{m_0} P_{\lambda}(\pi_{0,j}) \right) \right\} \leq 1$$

$$(2-20)$$

根据 Jensen's 不等式,有

$$\mathbb{E}_0 U < \log \mathbb{E}_0 [e^U] \leq 0$$

最后一个引理将讨论对数惩罚似然函数的收敛性。

引理 2-4 对 $\varphi \in \Phi$ 和任意小的 $\rho_{\varphi} > 0$,设 $f_1(x;\varphi,\rho_{\varphi}) = \sup_{\varphi'} \{ f_1(x;\varphi') : |\varphi - \varphi'| \leq \rho_{\varphi}, \varphi' \in \Phi \}$,$f_1^*(x;\varphi,\rho_{\varphi}) = \max(1, f_1(x;\varphi,\rho_{\varphi}))$ 和 $f_1^*(x;\varphi) = \max(1, f_1(x;\varphi))$,则

$$\lim_{\rho_\varphi \to 0} \mathbb{E}_0 \log f_1(X;\varphi,\rho_\varphi) = \mathbb{E}_0 \log f_1(X;\varphi)$$

证明:显然,

$$\log f_1^*(X;\varphi) \leqslant \log f_1^*(X;\varphi,\rho_\varphi)$$

类似于式(2-19),有

$$\mathbb{E}_0 \log f_1^*(X;\varphi) < \infty$$

$f_1(X;\varphi)$ 在 $\varphi \in \Phi$ 上的连续性,可得

$$\lim_{\rho_\varphi \to 0} \log f_1^*(X;\varphi,\rho_\varphi) = \log f_1^*(X;\varphi) \tag{2-21}$$

进而,$\mathbb{E}_0 \log f_1^*(X;\varphi,\rho_\varphi)$ 和 $\mathbb{E}_0 \log f_1^*(X;\varphi)$ 是连续的。基于勒贝格控制收敛定理,则

$$\lim_{\rho_\varphi \to 0} \mathbb{E}_0 \log f_1^*(X;\varphi,\rho_\varphi) = \mathbb{E}_0 \log f_1^*(X;\varphi)$$

$f_1^{**}(x;\varphi) = \min(1,f_1(x;\varphi))$ 和 $f_1^{**}(x;\varphi,\rho_\varphi) = \min(1,f_1(x;\varphi,\rho_\varphi))$

$$|\log f_1^{**}(X;\varphi,\rho_\varphi)| \leqslant |\log f_1^{**}(x;\varphi)|$$

再次,式(2-19) 得出

$$\mathbb{E}_0 |\log f_1^{**}(X;\varphi)| < \infty$$

类似地,$f_1(X;\varphi)$ 在 $\varphi \in \Phi$ 上的连续性,可得

$$\lim_{\rho_\varphi \to 0} \log f_1^{**}(X;\varphi,\rho_\varphi) = \log f_1^{**}(X;\varphi)$$

和

$$\lim_{\rho_\varphi \to 0} \mathbb{E}_0 \log f_1^{**}(X;\varphi,\rho_\varphi) = \mathbb{E}_0 \log f_1^{**}(X;\varphi) \tag{2-22}$$

结合式(2-21)和式(2-22),有

$$\mathbb{E}_0 \log f_1(X;\varphi,\rho_\psi) = \mathbb{E}_0 \log f_1^*(X;\varphi,\rho_\psi) + \mathbb{E}_0 \log f_1^{**}(X;\varphi,\rho_\varphi)$$

和

$$\mathbb{E}_0 \log f_1(X;\varphi) = \mathbb{E}_0 \log f_1^*(X;\varphi) + \mathbb{E}_0 \log f_1^{**}(X;\varphi)$$

下面开始参数一致性的证明,证明类似于 Wald(1949)文献中的证明。

定理 2-2 假设 Ω 是参数空间 Φ 中的任意闭子集,$\varphi_0 \notin \Omega$。则

$$P\left(\lim_{n \to \infty} \frac{\sup\limits_{\varphi \in \Omega} f_1(X_1;\varphi) f_1(X_2;\varphi) \cdots f_1(X_n;\varphi)}{f_1(X_1;\varphi_0) f_1(X_2;\varphi_0) \cdots f_1(X_n;\varphi_0)} = 0\right) = 1$$

证明:基于引理 2-3 和 引理 2-4,对每一个 $\varphi \in \Omega$,存在一个正值 ρ_φ 满足

$$\mathbb{E}_0 \log f_1(X;\varphi,\rho_\varphi) < \mathbb{E}_0 \log f_1(X;\varphi_0) \tag{2-23}$$

如果 Ω 是紧集,因此存在有限个点 $\varphi_1,\cdots,\varphi_h \in \Omega$ 使得 $\Omega \subset$

$U_{k=1}^h S(\varphi_k, \rho_{\varphi_k})$，其中 $S(\varphi, \rho_\varphi)$ 表示以 φ 为中心，半径为 ρ_φ 的球，则

$$0 \leqslant \sup_{\varphi \in \Omega} \prod_{i=1}^n f_1(x_i; \varphi) \leqslant \sum_{k=1}^h \prod_{i=1}^n f_1(x_i; \varphi_k, \rho_{\varphi_k})$$

如果可以给出

$$P\left(\lim_{n \to \infty} \frac{f_1(X_1; \varphi_k, \rho_{\varphi_k}) f_1(X_2; \varphi_k, \rho_{\varphi_k}) \cdots f_1(X_n; \varphi_k, \rho_{\varphi_k})}{f_1(X_1; \varphi_0) f_1(X_2; \varphi_0) \cdots f_1(X_n; \varphi_0)} = 0\right) = 1$$

$$k = 1, 2, \cdots, h$$

定理 2-2 将得证，其也可以表示为

$$P\left\{\lim_{n \to \infty} \sum_{i=1}^n [\log f_1(X_i; \varphi_k, \rho_{\varphi_k}) - \log f_1(X_i; \varphi_0)] = -\infty\right\} = 1, k = 1, \cdots, h.$$

由式（2-23）和大数定理，从而等式成立。

为给出参数估计量的一致性证明，下面给出另一个引理。

引理 2-5　设 $\overline{\varphi}_n \in \Phi$ 是观测值 $x_1, x_2, \cdots, x_n$ 的函数，对于任意的 $x_1, x_2, \cdots, x_n$ 和 n，满足

$$\frac{f_1(x_1; \overline{\varphi}_n) f_1(x_2; \overline{\varphi}_n) \cdots f_1(x_n; \overline{\varphi}_n)}{f_1(x_1; \varphi_0) f_1(x_2; \varphi_0) \cdots f_1(x_n; \varphi_0)} \geqslant c > 0 \tag{2-24}$$

则

$$P\left\{\lim_{n \to \infty} \overline{\varphi}_n = \varphi_0\right\} = 1$$

证明：反证法，上式要成立只需对任意小的正实数 $\rho_{\varphi_0} > 0$，序列 $\overline{\varphi}_n$ 的所有极限点 $\overline{\varphi}$ 满足 $|\overline{\varphi} - \varphi_0| < \rho_{\varphi_0}$ 的概率为 1。如果存在序列 $\overline{\varphi}_n$ 的一个极限点 $\overline{\varphi}$ 满足 $|\overline{\varphi} - \varphi_0| \geqslant \rho_{\varphi_0}$，则

$$\sup_{|\varphi - \varphi_0| \geqslant \rho_{\varphi_0}} \prod_{i=1}^n f_1(x_i; \varphi) \geqslant \prod_{i=1}^n f_1(x_i; \overline{\varphi}_n) \text{ for } n \gg 0$$

由不等式（2-24），有

$$\frac{\sup\limits_{|\varphi - \varphi_0| \geqslant \rho_{\varphi_0}} \prod_{i=1}^n f_1(x_i; \varphi)}{f_1(x_1; \varphi_0) f_1(x_2; \varphi_0) \cdots f_1(x_n; \varphi_0)} \geqslant c > 0$$

由定理 2-2 可知，这是概率为 0 的事件。

三、参数一致性证明

下面开始所有参数的一致性证明。

定理 2-3　极大似然估计 $\hat{\varphi} = (\hat{\pi}_1, \cdots, \hat{\pi}_m, 0, \cdots, 0, \hat{\theta}) \in \Phi$ 满足一致

性,即

$$P\left\{\lim_{n\to\infty}\hat{\varphi} = \varphi_0\right\} = 1 \qquad (2\text{-}25)$$

证明：由于 $\hat{\varphi} = (\hat{\pi}_1,\cdots,\hat{\pi}_{\hat{m}},0,\cdots,0,\hat{\theta}) \in \Phi$ 是极大化似然函数 $\prod\limits_{i=1}^{n}$ $f_1(X_i;\varphi)$ 得来,从而有

$$\prod_{i=1}^{n} f_1(X_i;\hat{\varphi}) \geqslant \prod_{i=1}^{n} f_1(X_i;\varphi_0)$$

或者

$$\frac{\prod\limits_{i=1}^{n} f_1(X_i;\hat{\varphi})}{\prod\limits_{i=1}^{n} f_1(X_i;\varphi_0)} \geqslant 1$$

显然,当 $c = 1$, $\hat{\varphi}$ 满足式(2-24),因此可得

$$P\left\{\lim_{n\to\infty}\hat{\varphi} = \varphi_0\right\} = 1$$

推论 2-1 极大似然估计 $\hat{\alpha} = (\hat{\alpha}_1,\hat{\alpha}_2,\cdots,\hat{\alpha}_m)$ 满足一致性,即

$$P\left\{\lim_{n\to\infty}\hat{\alpha} = \alpha_0\right\} = 1$$

其中 α_0 是真实权重参数。

证明：基于定理 2-3 和式 (2-5),对于 $j = 1,\cdots,m$, 可得

$$\begin{aligned}
\| \hat{\alpha}_j - \alpha_{0,j} \| &= c\left\|\frac{\hat{\pi}_j}{\bar{G}(l;\gamma_j,\hat{\theta})} - \frac{\pi_{0,j}}{\bar{G}(l;\gamma_j,\theta_0)}\right\| \\
&= c\left\|\frac{\hat{\pi}_j - \pi_{0,j}}{\bar{G}(l;\gamma_j,\hat{\theta})} + \frac{\pi_{0,j}}{\bar{G}(l;\gamma_j,\hat{\theta})} - \frac{\pi_{0,j}}{\bar{G}(l;\gamma_j,\theta_0)}\right\| \\
&\leqslant c\left\|\frac{\hat{\pi}_j - \pi_{0,j}}{\bar{G}(l;\gamma_j,\hat{\theta})}\right\| + \pi_{0,j} \cdot c\left\|\frac{1}{\bar{G}(l;\gamma_j,\hat{\theta})} - \frac{1}{\bar{G}(l;\gamma_j,\theta_0)}\right\| \\
&\to 0
\end{aligned}$$

引理 2-6 当 n 足够大,则 $P\left\{\sum\limits_{j=1}^{\hat{m}} P_\lambda(\hat{\pi}_j) \geqslant \sum\limits_{j=1}^{m_0} P_\lambda(\pi_{0,j})\right\} = 1$,其中 $\hat{m}$ 和 $\hat{\pi} = (\hat{\pi}_1,\cdots,\hat{\pi}_{\hat{m}})$ 是似然函数 $L_n(\varphi)$ 的极大似然估计。

证明：为后续方便,将 $m + 1$ 个极大似然估计记为 $\hat{\varphi} = (\hat{\pi}_1,\cdots,\hat{\pi}_{\hat{m}},0,\cdots,0,\hat{\theta}) \in \Phi$,其中 $\hat{\pi}_j > 0, j = 1,\cdots,\hat{m}$, 真实参数为 $\varphi_0 = (\pi_{0,1},\cdots,\pi_{0,m_0},0,\cdots,0,\theta_0) \in \Phi$。结合定理 2-3 中的 $P\{\lim_{n\to\infty}\hat{\varphi} = \varphi_0\} = 1$,

可得

$$P\{\lim_{n\to\infty}\inf\hat{m}\geqslant m_0\}=1 \qquad (2-26)$$

重新表示 iSCAD 惩罚函数式(2-9) 为

$$P_{\lambda_n}(\hat{\pi}_j)=A\cdot I(\hat{\pi}_j>a\lambda_n)+B(\hat{\pi}_j)\cdot I(\hat{\pi}_j\leqslant a\lambda_n), \qquad (2-27)$$

其中 $A=\lambda_n\left\{\log\dfrac{a\lambda_n+\varepsilon_n}{\varepsilon_n}+\dfrac{a^2\lambda_n^2}{2}-\dfrac{a\lambda_n}{a\lambda_n+\varepsilon_n}\right\}$ 不包含参数 π_j，而 $B(\hat{\pi}_j)=$

$\lambda_n\left\{\log\dfrac{\hat{\pi}_j+\varepsilon_n}{\varepsilon_n}-\dfrac{\hat{\pi}_j^2}{2}+\left(a\lambda_n-\dfrac{1}{a\lambda_n+\varepsilon_n}\right)\hat{\pi}_j\right\}$。

当 $n\to\infty$，参数估计 $\hat{\pi}=(\hat{\pi}_1,\cdots,\hat{\pi}_{\hat{m}})>0$，从而 $P_{\lambda_n}(\hat{\pi}_j)=A,j=1,\cdots,\hat{m}$。因此得

$$\dfrac{\sum\limits_{j=1}^{\hat{m}}P_{\lambda_n}(\hat{\pi}_j)}{\sum\limits_{j=1}^{m_0}P_{\lambda_n}(\pi_{0,j})}=\dfrac{\hat{m}}{m_0} \qquad (2-28)$$

从而得证。

定理 2-4 如果 $\liminf_{n\to\infty}n\lambda_n>0$，则混合序的估计 $\hat{m}$ 满足一致性，即

$$P\{\liminf_{n\to\infty}\hat{m}=m_0\}=1$$

证明：基于式 (2-26)，$\liminf_{n\to\infty}\hat{m}\geqslant m_0$

如果 $\hat{m}>m_0$，则

$$P(\hat{m}>m_0)\leqslant P(L_n(\hat{\varphi})\geqslant L_n(\varphi_0))$$

而

$$P(L_n(\hat{\varphi})\geqslant L_n(\varphi_0))=P\left(\dfrac{L_n^0(\hat{\varphi})-L_n^0(\varphi_0)}{n\sum\limits_{j=1}^{m_0}P_\lambda(\pi_{0,j})}-\dfrac{\sum\limits_{j=1}^{m}P_\lambda(\hat{\pi}_j)}{\sum\limits_{j=1}^{m_0}P_\lambda(\pi_{0,j})}+1\geqslant0\right)$$

由于式 (2-25)，当 $n\to\infty$，可得 $L_n^0(\hat{\varphi})\to L_n^0(\varphi_0)$，且

$$\liminf_{n\to\infty}n\sum_{j=1}^{m_0}P_\lambda(\pi_{0,j})=\liminf_{n\to\infty}\sum_{j=1}^{m_0}n\lambda_n\left\{\log\dfrac{a\lambda_n+\varepsilon_n}{\varepsilon_n}+\dfrac{a^2\lambda_n^2}{2}-\dfrac{a\lambda_n}{a\lambda_n+\varepsilon_n}\right\}=\infty$$

可得

$$\dfrac{L_n^0(\hat{\varphi})-L_n^0(\varphi_0)}{n\sum\limits_{j=1}^{m_0}P_\lambda(\pi_{0,j})}\to0,当 n\to\infty \qquad (2-29)$$

基于式 (2-28)，当 $\hat{m} > m_0$，则

$$\frac{\sum_{j=1}^{\hat{m}} P_{\lambda_n}(\hat{\pi}_j)}{\sum_{j=1}^{m_0} P_{\lambda_n}(\pi_{0,j})} = \frac{\hat{m}}{m_0} > 1 \tag{2-30}$$

由式(2-29) 和 式(2-30)可得

$$\frac{L_n^0(\hat{\varphi}) - L_n^0(\varphi_0)}{n \sum_{j=1}^{m_0} P_{\lambda}(\pi_{0,j})} - \frac{\sum_{j=1}^{m} P_{\lambda}(\hat{\pi}_j)}{\sum_{j=1}^{m_0} P_{\lambda}(\pi_{0,j})} + 1 < 0$$

因此

$$P(L_n(\hat{\varphi}) \geqslant L_n(\varphi_0)) = 0$$

换言之，

$$P\{\hat{m} > m_0, \text{for sufficient large } n\} = 0$$

结合 $P\{\lim_{n\to\infty}\inf\hat{m} \geqslant m_0\} = 1$，可得

$$P\{\lim_{n\to\infty}\inf\hat{m} = m_0\} = 1$$

第三章　左截断 Erlang 混合模型及其应用

本章主要研究左截断为 l 的 Erlang 混合模型的参数估计。主要内容包括 EM 算法,风险度量,模型在保险中的应用。本章的结构安排如下:第一节给出必要的预备知识和文献综述;第二节讨论并给出 iSCAD 惩罚似然函数,使用 EM 算法进行估计,计算 VaR 和 TVaR;第三节进行模拟实验,比较 Lee 和 Lin(2010)的方法 I、Verbelen et al.（2015）的方法 II 和本章的方法 III 三种方法的优劣;第四节给出 Erlang 混合模型在实际保险数据的应用。

第一节　引言

一、预备知识

本节简要介绍风险度量和 EM 算法的基本内容,这些内容可参阅 Artzner et al.（1999）, Barges et al.（2009）, Dempster(1977）, Little et al.(1987）, McNeil(2005）等的文献。

风险管理的基础工作是度量风险,而选择合适的风险度量指标和科学的计算方法是正确度量风险的基础,也是建立一个有效风险管理体系的前提。风险测度就是各种风险度量指标的总称。现行的国际标准风险管理工具 VaR 最初由 J.P.摩根银行（J.P. Morgan）针对银行业务风险的需要提出的,并很快被推广成为一种行业标准。风险价值 VaR 是指在正常的市场条件、给定的置信水平下,及在给定的持有期间内,投资组合所面临的潜在最大损失。VaR 是借助概率论和数理统计的方法对金融风险进行量化和测度的。VaR 是一种分位数风险测度,一般给定置信水平 p,典型的 $p = 95\%$ 或者 99%。

定义 3-1　VaR　给定置信水平 $p \in (0,1)$,投资组合(portfolio)的 $\mathrm{VaR}_p(X)$ 是满足不等式 $P(X > x) \leqslant 1 - p$ 的最小的 x,数学上,如果 X 是投资组合的损失,那么 $\mathrm{VaR}_p(X)$ 就是置信水平为 p 的分位数,也就是

$$\mathrm{VaR}_p(X) = \inf\{x \in \mathbb{R}: P(X > x) \leqslant 1 - p\} = \inf\{x \in \mathbb{R}: F_X(x) \geqslant p\}$$

左边的等式是 $\mathrm{VaR}_p(X)$ 的定义,右面的等式是其在概率分布下的表达。当损失变量 X 是连续分布时,$P(X > x) = 1 - p$。

但是 VaR 作为风险度量只考虑了概率为 $1 - p$ 的事件的最大损失 VaR_p,高于 VaR_p 的损失并没有被纳入风险测度,为克服这个缺陷,Tail Value at Risk(TVaR)被提出来,还有一些类似的定义,比如 Conditional Tail Expectation(CTE),Tail Conditional Expectation(TCE)或者 Expected Shortfall(ES)。像 VaR 一样,TVaR 的置信水平指标 $p(0 \leqslant p \leqslant 1)$,常用的取值 $p = 90\%$,95% 或者 99%。

定义 3-2　TVaR　给定置信水平 $p \in (0,1)$,TVaR 就是损失分布落入最糟的 $1 - p$ 部分的平均损失

$$\mathrm{TVaR}_p(X) = \mathbb{E}[X \mid X > \mathrm{VaR}_p] = \frac{\int_{\mathrm{VaR}_p}^{\infty} x f(x)\,\mathrm{d}x}{1 - p}$$

定义 3-3　EM 算法　Expectation–Maximization(EM)算法最早由 Dempster(1977)给出比较详细的说明,当似然函数的最大值点不能直接得到时,EM 算法通过迭代的方法找到这个最大值点。EM 算法需引入隐变量,隐变量可以是未知参数,丢失的数据或者任何可以使模型简化的未观测数据量。

假设 X 是可观测数据集,Z 是不可观测的隐变量数据集,θ 表示待估参数,那么全部数据集的似然函数是 $L(\theta;X,Z) = p(X,Z \mid \theta)$,未知参数的极大似然估计由观测数据集对应的边际似然函数来确定 $L(\theta;X) = p(X \mid \theta) = \sum_Z p(X,Z \mid \theta)$,EM 算法就是利用迭代寻找极大边际似然估计,假设已完成 k 步,此时参数估计是 $\theta^{(k)}$,EM 算法分为两步:

第一步,Expectation step(E-step):计算对数似然函数关于隐变量 Z 的条件期望

$$Q(\theta \mid \theta^{(t)}) = E_{Z \mid X,\theta^{(t)}}[\log L(\theta;X,Z)]$$

第二步，Maximization step（M-step）：求最大化 $Q(\theta\mid\theta^{(t)})$ 的参数，即

$$\theta^{(t+1)} = \arg\max_{\theta} Q(\theta\mid\theta^{(t)})$$

二、混合模型参数估计的文献

Erlang 混合模型的待估参数是混合序、形状参数、权重参数和共用的尺度参数。Lee 和 Li（2010）建议形状参数事先给定，为保证所有可能的形状参数都被包含在内，一般事先给定一个较大的混合序 M，这样形状参数的备择空间最大是 $\gamma = (1,\cdots,M)$，显然这是过拟合的。为保证拟合优度，同时能够避免过拟合问题，Lee 和 Li（2010）利用 BIC 来确定 Erlang 混合模型的序，运用 EM 算法迭代搜索极大似然估计。

利用 BIC 在大量不同的 Erlang 分布中筛选，这可能存在一些问题。首先，它是从一个很大的备选空间开始，删除权重参数最小的 Erlang 分布，一次只删除一个，删除后重新进行 EM 算法，这可能造成繁重的计算量，运行时间相应增加。其次，选定的形状参数可能只是局部最优，第四节的模拟实验表明了这一点。再次，BIC 筛选方法在尾部数据稀疏的情况下，拟合表现不佳，BIC 是在似然函数值和混合序之间的一种加权，拟合尾部的 Erlang 分布很容易被删掉。在保险数据中，尾部数据在风险度量的计算和保费的确定等方面，都是不可忽略的。最后，Lee et al.（2010）和 Verbelen et al.（2015）均未给出 BIC 在 Erlang 混合分布中的统计性质。

第二节　左截断为 l 的 Erlang 混合模型

大部分保险损失（索赔）数据都是已知截断值，比如保险中的免赔额（deductible）或者自留额（retention limit），Beirlant et al.（2006）和 Verbelen et al.（2015）分析的就是这类数据。因此，建立一个可以拟合左截断数据的模型，并且估计其参数是非常有必要的。本章给出左截断为 l 的 Erlang 混合分布，并计算风险度量指标 VaR 和 TVaR，第四节实际数据中将比较这两个指标的估计值。

一、模型的建立

在第二章第二节中已经给出左截断为 l 的 Erlang 混合的密度函数式

(2-4),在此再次给出其表达式

$$h(x;l,\alpha,\gamma,\theta) = \frac{h(x;\alpha,\gamma,\theta)}{\overline{H}(l;\alpha,\gamma,\theta)} = \sum_{j=1}^{m} \alpha_j \frac{g(x;\gamma_j,\theta)}{\overline{H}(l;\alpha,\gamma,\theta)}$$

相应的生存函数为

$$\overline{H}(x;l,\alpha,\gamma,\theta) = \frac{1}{\overline{H}(l;\alpha,\gamma,\theta)} \sum_{j=1}^{m} \alpha_j \overline{G}(x;\gamma_j,\theta)$$

二、风险度量

为便于 VaR 和 TVaR 的计算,生存函数用 Erlang 分布的密度函数来重新表示

$$\overline{H}(x;l,\alpha,\gamma,\theta) = \frac{\theta}{\overline{H}(l;\alpha,\gamma,\theta)} \sum_{j=1}^{\gamma_m} Q_j g(x;j,\theta), \qquad (3-1)$$

式 (3-1) 类似 Lee 和 Li(2010) 的推导,这种表达便于风险度量的计算,其中 $Q_j = \sum_{k=j}^{\gamma_m} \alpha_k$。

当损失随机变量 X 服从左截断 Erlang 混合模型[见式(2-4)],假设置信水平为 p, 相应的 Var_p 是下列方程的解 x:

$$\frac{\theta}{\overline{H}(l;\alpha,\gamma,\theta)} \sum_{j=1}^{\gamma_m} Q_j g(x;j,\theta) = 1 - p \qquad (3-2)$$

假设自留水平(retention level) $R > l$,那么再保险的纯保费(the stop-loss premium or the net premium of the excess of loss)表示为

$$E[(X - R)_+] = \frac{\theta^2}{\overline{H}(l;\alpha,\gamma,\theta)} \sum_{j=1}^{\gamma_m} Q_j^* g(R;j,\theta) \qquad (3-3)$$

其中 $Q_j^* = \sum_{k=j}^{\gamma_m} Q_k, j = 1,\cdots,\gamma_m$。

结合式(3-2)和 式(3-3),置信水平为 p 的 TVaR_p 为

$$\mathrm{TVaR}_p = E(X \mid X > \mathrm{VaR}_p)$$

$$= \frac{\theta^2}{\overline{H}(\mathrm{VaR}_p;\alpha,\gamma,\theta)} \sum_{j=1}^{\gamma_m} Q_j^* g(\mathrm{VaR}_p;j,\theta) + \mathrm{VaR}_p \qquad (3-4)$$

三、参数估计

接下来的部分,考虑极大化左截断 Erlang 混合模型的惩罚似然函数,引

入 EM 算法尝试找到极大惩罚似然估计。下面详细说明引入 iSCAD 惩罚后,EM 算法如何估计参数和混合模型的序。

设 $X = (X_1, \cdots, X_n)$ 是样本容量为 n 的独立同分布随机变量,服从左截断为 l 的 Erlang 混合模型 $h(x;\varphi) = \sum_{j=1}^{m} \pi_j f(x;l,\gamma_j,\theta)$。$x = (x_1, \cdots, x_n)$ 是样本观测值,本章用 EM 算法估计混合权重 $\pi = (\pi_1, \cdots, \pi_m)$、混合模型的序 m 以及混合模型中所有 Erlang 分布共用的尺度参数 θ。

首先给定形状参数 $\gamma_0 = (\gamma_1^0, \cdots, \gamma_M^0)$,可以看作是给出一个足够大的备择空间,其中包含混合模型中所有可能的 Erlang 分布

$$h_0(x;\varphi) = \sum_{j=1}^{M} \pi_j g(x;l,\gamma_j^0,\theta)$$

EM 算法是迭代方法,需要给定初始值,Lee 和 Lin(2010)已给出详细说明,简言之,即最初对所有的 j,给定 $\gamma_j^0 = j$ 或者其他形式,设 $\theta^{(0)}$ 是 Erlang 分布的尺度参数的初始值,γ_M^0 和 $\theta^{(0)}$ 一般满足:$\theta^{(0)} \gamma_M^0$ 大于等于样本最大值,见 Tijms(2003)的文献。

样本观测值 $x = (x_1, \cdots, x_n)$ 的对数似然函数是

$$l_n(\varphi) = \sum_{i=1}^{n} \ln(h_0(x_i;\varphi)) = \sum_{i=1}^{n} \ln\left(\sum_{j=1}^{M} \pi_j g(x_i;l,\gamma_j^0,\theta)\right)$$

引入 iSCAD 惩罚函数,样本观测值 $x = (x_1, \cdots, x_n)$ 的对数似然函数为

$$l_{n,P}(\varphi) = l_n(\varphi) - n\sum_{j=1}^{M} P_{\varepsilon,\lambda}(\pi_j) \tag{3-5}$$

式(3-5)就是要研究的函数,目标是找出它的极大值点。EM 算法需引入不可观测的隐变量,混合模型中,隐变量一般是表示样本是否属于混合模型中的某个分量分布的示性变量,设 $Z = (Z_1, \cdots, Z_n)$,其中 $Z_i = (Z_{ij} \mid i = 1, \cdots, n, j = 1, \cdots, M)$,且有

$$Z_{ij} = \begin{cases} 1 & \text{如果观测值} x_i \text{来自第} j \text{个分量密度} f(x_i;l,\gamma_j^0,\theta) \\ 0 & \text{其他} \end{cases}$$

完整样本 (x,Z) 的对数似然函数是

$$l_n(\varphi;x,Z) = \sum_{i=1}^{n}\sum_{j=1}^{M} Z_{ij}\ln(\pi_j g(x_i;l,\gamma_j^0,\theta))$$

完整样本 (x,Z) 的 iSCAD 惩罚对数似然函数是

$$l_{n,P}(\varphi;x,Z) = l_n(\varphi;x,Z) - n\sum_{j=1}^{M} P_{\varepsilon,\lambda}(\pi_j)$$

假设已经完成 EM 算法的第 k 次迭代,此时参数的估计记为 $\varphi^{(k)} = (\pi_1^{(k)}, \cdots, \pi_M^{(k)}, \theta^{(k)})$,那么,*EM* 算法的 E-Step 和 M-Step 如下:

E-step: $l_{n,P}(\varphi; x, Z)$ 关于隐变量 Z 求条件期望,得到关于可观测样本 x 的边际似然函数 $Q(\varphi \mid \varphi^{(k)})$,即

$$Q(\varphi \mid \varphi^{(k)}) = \mathbb{E}(l_{n,P}(\varphi; x, Z) \mid x, \varphi^{(k)})$$

$$= \sum_{i=1}^{n} \sum_{j=1}^{M} \left[\ln(\pi_j) - \frac{x_i}{\theta} - \gamma_j^0 \ln(\theta) - \ln \bar{G}(l; \gamma_j^0, \theta) \right] q(\gamma_j^0 \mid x_i, \varphi^{(k)})$$

$$- n \sum_{j=1}^{M} P_{\varepsilon, \lambda}(\pi_j)$$

其中 $q(\gamma_j^0 \mid x_i, \varphi^{(k)})$ 是观测值 x_i 来自混合模型的第 j 个分量分布的概率,其表达式是

$$q(\gamma_j^0 \mid x_i, \varphi^{(k)}) = \frac{\pi_j^{(k)} g(x_i; l, \gamma_j^0, \theta^{(k)})}{\sum\limits_{j=1}^{M} \pi_j^{(k)} g(x_i; l, \gamma_j^0, \theta^{(k)})}$$

M-step:考虑 $Q(\varphi \mid \varphi^{(k)})$ 关于 $\pi_j, j = 1, \cdots, M$ 和 θ 的极大化,即

$$\hat{\varphi}^{(k+1)} = \mathrm{argma} x_\varphi \left\{ \sum_{i=1}^{n} \sum_{j=1}^{M} \left[\ln(\pi_j) - \frac{x_i}{\theta} - \gamma_j^0 \ln(\theta) \right) \right.$$

$$\left. - \ln \bar{F}(l; \gamma_j^0, \theta) \right] \times q(\gamma_j^0 \mid x_i, \varphi^{(k)}) - n \sum_{j=1}^{M} P_{\varepsilon, \lambda}(\pi_j) \right\} \qquad (3\text{-}6)$$

由式(3-6)求得权重参数 π_j 的第 $(k+1)$ 步的估计为

$$\hat{\pi}_j^{(k+1)} = \bar{q}_j^{(k)} I(\bar{q}_j^{(k)} > a\lambda) + \frac{M}{\lambda}(\bar{q}_j^{(k)} - \lambda)_+ I(\bar{q}_j^{(k)} \leqslant a\lambda) \qquad (3\text{-}7)$$

式(3-7)的第一部分说明当混合权重较大时,估计量是无偏的,式(3-7)的第二部分说明参数 λ 是权重参数的下界,低于这个下界的权重对应的分量分布被删除,即权重参数估计的稀疏性,当 $a = \dfrac{M}{M - \lambda}$ 时,得出权重参数关于样本 x 是连续的。

混合模型中 Erlang 分布共用的尺度参数的第 $(k+1)$ 步估计为

$$\hat{\theta}^{(k+1)} = \frac{\dfrac{1}{n} \sum\limits_{i=1}^{n} x_i - t^{(k)}}{\sum\limits_{j=1}^{M} \gamma_j^0 \bar{q}_j^{(k)}} \qquad (3\text{-}8)$$

其中

$$t^{(k)} = \sum_{j=1}^{M} \bar{q}_j^{(k)} \left. \frac{l^{\gamma_j^0} e^{-l/\theta}}{\theta^{\gamma_j^0 - 1} (\gamma_j^0 - 1)! \, \bar{F}(l; \gamma_j^0, \theta)} \right|_{\theta = \theta^{(k)}} \tag{3-9}$$

尺度参数 θ 与 iSCAD 函数无关,其参数估计的推导与 Verbelen et al. (2015) 相似。

EM 算法的迭代过程一直持续到边际似然函数的差 $|Q(\varphi^{(k)}) - Q(\varphi^{(k-1)})|$ 小于某个事先给定的误差界。假设 $\hat{\theta}$ 和 $\hat{\pi}_j (j = 1, \cdots, M)$ 是 EM 算法的最终估计值,那么混合模型序的估计是

$$\hat{m} = \#\{\hat{\pi}_j \mid \hat{\pi}_j \neq 0, j = 1, \cdots, M\} \tag{3-10}$$

为避免后面符号的混乱,现重新将形状参数 $\hat{\gamma} = \{\gamma_j^0 \mid \hat{\pi}_j \neq 0, j = 1, \cdots, M\}$ 表示为 $\hat{\gamma} = (\hat{\gamma}_1, \cdots, \hat{\gamma}_{\hat{m}})$,假设 $\hat{\gamma}_1 \leq \hat{\gamma}_2 \leq \cdots \leq \hat{\gamma}_{\hat{m}}$,与之相应的混合权重参数重新记为 $\hat{\pi} = (\hat{\pi}_1, \cdots, \hat{\pi}_{\hat{m}})$。最后给出混合模型的原权重参数 α 的估计,与前面的 $\hat{\pi}$ 对应,原权重参数的估计记为 $\hat{\alpha} = (\hat{\alpha}_1, \cdots, \hat{\alpha}_{\hat{m}})$,由式(2-5)可得

$$\hat{\alpha}_j = c \frac{\hat{\pi}_j}{\bar{G}(l; \hat{\gamma}_j, \hat{\theta})} \tag{3-11}$$

其中 c 为常数,选择合适的 c 进行标准化,满足 $\sum_{j=1}^{\hat{m}} \hat{\alpha}_j = 1$。

必须说明的一点是,由于 Erlang 混合分布中有一个共用的待估尺度参数 θ,而且由式(3-8)可知,θ 的估计与权重参数估计值有密切的关系,如果权重参数的调整幅度太大,可能导致尺度参数的调整不在理想范围内的情况。一般来说,参数估计需多次使用 EM 算法,在给定一个调整参数 λ 之后,进行一次 EM 算法,使 $|Q(\varphi^{(k)}) - Q(\varphi^{(k-1)})|$ 达到现有条件下的最优,如果这时的 $|Q(\varphi^{(k)}) - Q(\varphi^{(k-1)})|$ 没有达到事先设定的误差水平,即其可能仍然处在过拟合的状态,这时需要再给定一个更大的调整参数 λ,以上一次 EM 的结果为初始值,重新运行一次 EM 算法,反复进行几次,最终使 $|Q(\varphi^{(k)}) - Q(\varphi^{(k-1)})|$ 达到事先设定的误差,详细的过程见第四节。

第三节　模拟实验

这部分给出两个模拟实验来说明第二节中的混合模型 EM 算法的有效性。Kass 和 Wasserman(1995),Keribin(2000),Yakowitz 和 Spragins(1968)

等的文献都是使用 BIC 作为惩罚函数,确定正态混合模型的序。Lee 和 Lin (2010),Verbelen et al.(2015)的文献将 BIC 用于 Erlang 混合模型序的确定。Lee 和 Lin(2010)建议 Erlang 混合模型的形状参数预先给定,即给定一个大的备择形状参数空间,使用 BIC 作为惩罚似然函数,再使用 EM 算法估计参数,本章中将该方法表示为方法 I。而 Verbelen et al.(2015)建议给定一个较小范围的形状参数作为初始空间,建立一个增序或者降序的调整机制,同样引入 BIC 惩罚和 EM 算法来完成参数估计,本章中将这个方法表示为方法 II。形状参数与方法 I 类似,然后引入 iSCAD 惩罚和 EM 算法来估计参数,表示为方法 III。本节和第四节均将比较这三种方法的优劣。

例 3-1 这个例子中,模拟数据来自 7 个不同 Erlang 分布组成的混合模型,形状参数是 $\gamma = (8,20,40,65,95,130,170)$,共用的尺度参数是 $\theta = 1$,相应的权重参数是 $\alpha_j = 1/7 = 0.143, j = 1, \cdots, 7$。其中左截断点为 $l = 1$。在这个分布中随机抽取 2 500 个数据($n = 2\,500$)。

本例主要是检验 EM 算法针对多峰数据的估计情况。给定一个过拟合的形状参数的备择空间,假设给定混合模型的序 $M = 207$,形状参数备择空间为 $\gamma_j^0 = j, j = 1,2, \cdots, 207$。本章以 Tijms(2003)的结果作为参数初始值,类似 Lee et al.(2010),Verbelen et al.(2015)的初始化。

本章提出的 iSCAD 惩罚函数式(2-9)的参数 $\varepsilon = \lambda^{3/2}$,见第二章第四节。这个例子中,调整参数 λ 取表达式 $\lambda = \dfrac{c(1 + \sqrt{m})}{m^{3/2}\sqrt{n}}$,即 $C(m) = c\left(\dfrac{1}{m} + \dfrac{1}{m^{3/2}}\right)$,其中 $c = 30$。为获得理想的估计精度,将依次进行 5 个 EM 过程,首先以初始值开始第一个 EM 过程,然后以前一个 EM 的结果作为初始值,再进行下一个 EM 过程,关于每个 EM 过程中混合模型序的估计和调整参数 λ 的取值如下:

$$M = 207 \xrightarrow{Tijm's\ Approx.} (\hat{m} = 196, \lambda = 0.003\,28) \xrightarrow{1st\ Appl.}$$

$$(\hat{m}_2 = 45, \lambda_2 = 0.015\,32) \xrightarrow{2nd\ Appl.} (\hat{m}_3 = 22, \lambda_3 = 0.033\,09) \xrightarrow{3rd\ Appl.}$$

$$(\hat{m}_4 = 15, \lambda_4 = 0.050\,33) \xrightarrow{4th\ Appl.} (\hat{m}_5 = 11, \lambda_5 = 0.070\,99) \xrightarrow{5th\ Appl.} \hat{m} = 7.$$

表 3-1 给出三种方法的所有参数估计结果,包括混合模型序的估计,形状参数的选择结果,相应的权重参数的估计,尺度参数的估计。为了比较三种方法的有效性,还给出三种方法的 BIC 值,以及三种方法的程序运行时

间,这三种方法都用 R 程序进行运算。

表 3-1 的第二列可以看出,这三种方法对于峰值的拟合都很好,混合序的估计与真值相同。第三列给出形状参数的选择结果,方法 I 和方法 III 表现很接近,形状参数找到真值参数或者接近真值参数。方法 II 的表现明显不如其他两种方法,这可能是方法 II 的形状参数的调整机制引起的。第四列给出混合权重参数的估计,三种方法在接近零的分量权重估计上都给出合理的估计,最终获得 7 个非零权重参数估计,即获得相同的序估计 $\hat{m} = 7$,所有非零的分量权重的估计也都基本接近真值 $\pi_j = 0.143(1/7), j = 1, \cdots, 7$。第五列给出共有的尺度参数的估计,方法 I 和方法 III 都非常接近真值 $\theta_0 = 1$,而方法 II 的结果虽然误差也很小,但是与另外两种方法相比精确度较低,这与形状参数的选择有很大关系,见式(3-8)。第六列给出三种方法最终参数估计值对应的 BIC,显然,方法 III 对应的 BIC 最小,方法 II 的参数估计值与真值相比,表现不如方法 I,但 BIC 值却优于方法 I,这主要是因为形状参数的调整机制给 BIC 的计算明显提供了更大的空间。方法 II 中形状参数详细而复杂的调整机制形成大量的 EM 过程,大大增加了程序的运行时间,最后一列程序运行时间的比较,方法 II 劣势显得尤为突出。总体来说,三种方法都有很好的拟合效果,方法 III 明显优于其他两种方法。

表 3-1 方法 I、II 和 III 参数 γ, α, θ 估计、BIC 和运行时间

方法	m	γ	α	θ	BIC	总运行时间
真实模型	7	(8,20,40,65, 95,130,170)	(0.143, 0.143, 0.143, 0.143, 0.143, 0.143, 0.143)	1	–	–
I	7	(8,20,40,65, 95,133,172)	(0.131, 0.146, 0.138, 0.151, 0.152, 0.135, 0.147)	0.985	25 745.39	5.04 mins
II	7	(9,21,42,68, 100,137,179)	(0.136, 0.141, 0.138, 0.152, 0.149, 0.133, 0.151)	0.944	25 744.23	1.51 hours
III	7	(8,21,40,65, 95,131,172)	(0.144, 0.137, 0.136, 0.151, 0.148, 0.134, 0.151)	0.986	25 721.77	3.92 mins

图 3-1 展示了三种方法的拟合曲线对实验数据的拟合情况,从图 3-1 中可以看出这三种方法的表现都不错。

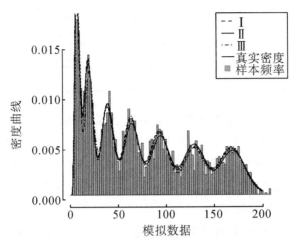

图 3-1　方法 Ⅰ、Ⅱ 和 Ⅲ 的拟合曲线、真实曲线和样本直方图

第二章已经证明引入 iSCAD 惩罚的似然函数的极大估计是一致的,以及混合模型的序的估计是一致的。接下来用模拟实验来验证 EM 算法在混合模型序的估计上的表现。像 Chen 和 Khalili(2008)建议的那样,大量重复进行同样的实验,利用三种方法分别基于每组实验数据估计混合模型的序,然后将估计结果进行统计,从概率的角度说明混合序估计的表现。本章将实验重复进行 100 次,每次都从给定的 7 个 Erlang 分布的混合模型中随机抽取数据 $n = 2\,500$ 个,将 100 次实验估计结果整理在表 3-2。

表 3-2 列出三种方法 100 次模拟实验关于混合序的估计,不同序估计相应的概率。表 3-2 的第二、三列可以看出,方法 Ⅰ 和方法 Ⅱ 对混合模型序的估计都存在过拟合的情况,方法 Ⅰ 高估混合序的情况尤其严重,高估概率高达 36%,最大的混合序的估计是 $\hat{m} = 15$, 比混合序的真值 $m_0 = 7$ 高出一倍多,这主要是因为方法 Ⅰ 的设计是在给定一个充分大的备择空间中以 BIC 为原则,每次删除一个最小权重的分量分布,但是这样很容易陷于局部最优。方法 Ⅱ 通过不停调整形状参数而有效避开这种困局,但是有时还是造成过拟合的情况。总之,引入 iSCAD 惩罚函数的方法 Ⅲ 优于前两种方法。

表 3-2　方法 Ⅰ、Ⅱ 和 Ⅲ 的序估计

方法	m	m 的频率
真实序	7	1
Ⅰ	(7, 8, 9, 10, 11, 12, 15)	(0.64, 0.16, 0.07, 0.06, 0.04, 0.02, 0.01)

表3-2(续)

方法	m	m 的频率
II	$(7,8)$	$(0.99, 0.01)$
III	7	1

例 3-1 的 Erlang 混合模型,其真实模型具有相同尺度参数 θ, 不同分量的 Erlang 分布的形状参数可以明显区别开,这个例子的模拟数据具有明显的规律,拟合的效果很理想。下面考虑一个真实模型具有不同的尺度参数 θ 的 Erlang 混合分布,使用本章建议的具有相同尺度参数的 Erlang 混合分布来拟合,观察拟合效果。

例 3-2 这个例子的真实模型是包含两个不同 Erlang 分布的混合模型,分别的形状参数是 $(\gamma_1, \gamma_2) = (5, 10)$, 相应的权重参数是 $(\alpha_1, \alpha_2) = (0.5, 0.5)$, 尺度参数是 $(\theta_1, \theta_2) = (1, 2)$。 与例 3-1 类似,用三种方法分别拟合从真实模型中随机抽取的数据,比较三种方法对模拟数据的拟合效果,以及在混合模型序的估计上的表现。这个例子左截断点是 $l = 1$, 随机抽取数据的个数为 $n = 5\,000$。

给定调整参数的表达式是 $\lambda = \dfrac{c(1 + \sqrt{m})}{m^{3/2} \sqrt{n}}$, 与例 3-1 不同,这个例子中,选择 $c = 20$。 本例需要 3 次 EM 过程才能达到事先设定的误差界,每次混合模型序的估计和选定的调整参数 λ 值如下:

$$M = 50 \xrightarrow{Tij\,m's\;Approx.} (\hat{m} = 25, \lambda = 0.013\,58) \xrightarrow{1^{st}\;Appl.}$$

$$(\hat{m}_2 = 11, \lambda_2 = 0.033\,47) \xrightarrow{2^{nd}\;Appl.} (\hat{m}_3 = 6, \lambda_3 = 0.066\,39) \xrightarrow{3^{rd}\;Appl.}$$

$$(\hat{m}_4 = 5, \lambda_4 = 0.081\,87) \xrightarrow{4^{th}\;Appl.} \hat{m} = 3$$

表 3-3 给出三种方法的所有估计结果,包括混合模型序的估计,形状参数的选择结果,相应的权重参数的估计,尺度参数的估计,BIC 值以及程序运行时间。

表 3-3 的第二列给出混合模型的序的估计,真实混合模型是具有不同尺度参数的 Erlang 分布的混合,而用于拟合的 Erlang 混合分布具有相同的尺度参数,因此这个例子很难像例 3-1 那样,给出与真值相同的混合模型的序。这个例子只能尽量用少的 Erlang 分布来达到好的拟合效果,表 3-3 显示方法 III 用最少的 Erlang 分布,即 $\hat{m} = 3$, 表 3-3 的第六列给出的 BIC 取

值说明方法 III 的拟合效果是最好的。从最后一列给出的程序运行时间来看,与方法 I 和方法 II 相比,方法 III 具有压倒式的优势。

表 3-3 方法 I、II 和 III 参数 γ,α,θ 估计、BIC 和运行时间

方法	m	γ	α	θ	BIC	总运行时间
真实模型	2	(5,10)	(0.5,0.5)	(1,2)	–	–
I	4	(5,17,23,27)	(0.514,0.310,0.116,0.060)	1.025	32 932.50	5.572 mins
II	4	(5,14,20,28)	(0.501,0.118,0.309,0.072)	1.006	32 924.21	31.940 mins
III	3	(5,17,25)	(0.514,0.331,0.154)	1.030	32 919.19	48.27 secs

图 3-2 显示实验数据的直方图,真实曲线以及三种方法对应的拟合密度曲线,图 3-2 可以看出,仅包含 3 个 Erlang 分布的方法 III 的拟合效果是很好的。

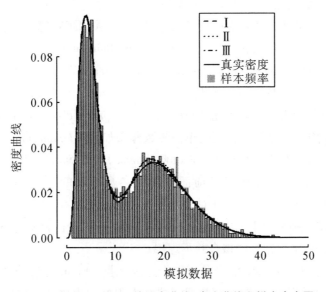

图 3-2 方法 I、II 和 III 的拟合曲线、真实曲线和样本直方图

与例 3-1 类似分析,将实验重复进行 100 次,表 3-4 给出 100 次实验得到的关于混合模型序的估计结果。

表 3-4 显示方法 I 的过拟合现象最严重,最大的混合数的估计是 11,与例 3-1 分析的一致。这主要是因为方法 I 陷于局部最优的困局,方法 II 通过形状参数的调整明显改善了方法 I 的过拟合情况,表现最好的是方法 III。

表 3-4 　方法 I、II 和 III 的序估计

方法	m	m 的频率
真实序	2	1
I	(3, 4, 5, 6, 7, 8, 9, 10, 11)	(0.18, 0.23, 0.11, 0.14, 0.17, 0.03, 0.09, 0.04, 0.01)
II	(3, 4, 5, 7)	(0.39, 0.51, 0.09, 0.01)
III	(3, 4, 5)	(0.53, 0.35, 0.12)

第四节　实际数据的应用

这部分将利用 Erlang 混合模型拟合来自北美精算师协会(Society of actuaries,SOA)的团体医疗保险大额索赔数据集,采用 EM 算法来估计 iSCAD 惩罚似然函数的极大值点。这组数据来自 Beirlant et al.(2006)的研究。1991 年的 SOA Group Medical Insurance Large Claims Database,共包含 75 789 个索赔数据,这些数据的左截断 $l = 2\,500$。 Cebrian et al.(2003)详细分析了这组数据,使用广义帕累托分布(generalized pareto distribution,GPD) 拟合这组数据,将拟合结果与常用的单一参数分布如伽玛(gamma)分布,对数正态(log-normal)分布,和对数伽玛(log-gamma)分布等对这组数据的拟合结果进行比较,得出 GPD 优丁前面提到的参数分布的结论,Cebrian et al.(2003)的文章中给出分别针对全部数据,超过 100 000 的数据和超过 200 000 的数据三种情况下 GPD 拟合的 Q-Q 图,可以看出针对全部数据使用 GPD 拟合时,尾部数据的拟合并不理想。

本章考虑用 Erlang 混合分布拟合这组数据,Erlang 混合模型不仅可以很好地拟合数据的主体,尾部数据的拟合也很好。为更好地比较,同样用三种不同的方法分析这组数据。

表 3-5 显示在程序运行时间和 BIC 上,方法 III 优于方法 I 和方法 II。三种方法的估计结果放在附录 A 中,见表 A.1,表 A.2 和表 A.3。

表 3-5　方法 I、II 和 III 的 BIC 和运行时间

方法	m	BIC	总运行时间
I	19	1 712 244	2. 440 208 hours
II	19	1 711 722	13. 421 9 hours
III	19	1 711 570	8. 586 258 mins

图 3-3 至图 3-5 依次给出了方法 I、方法 II 和方法 III 的 P-P 图,三种不同方法的估计在 P-P 图上的表现都很好,几乎看不出差异,这说明三种方法对数据的主体拟合都很好。

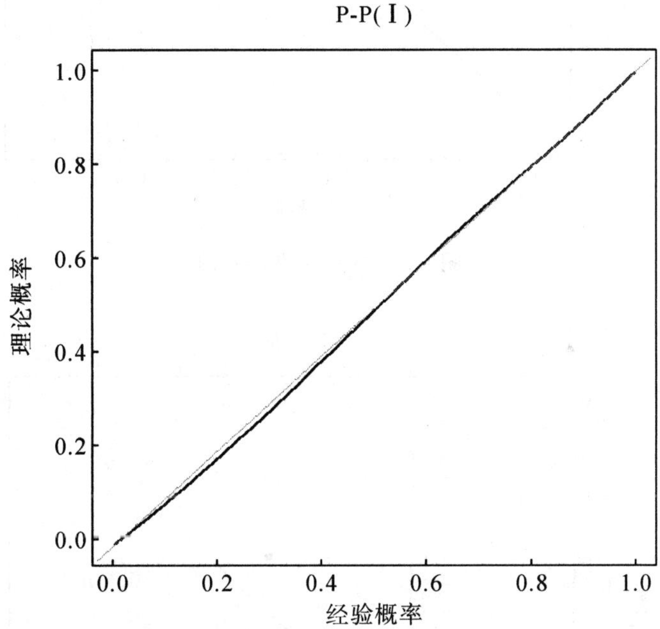

P-P(I)

图 3-3　方法 I 的 P-P 图

P-P(Ⅱ)

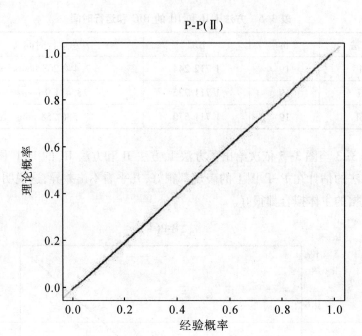

图3-4　方法Ⅱ的P-P图

P-P(Ⅲ)

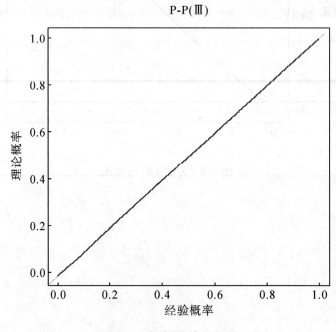

图3-5　方法Ⅲ的P-P图

精算异质性问题研究:基于混合模型的视角

图 3-6 至图 3-8 依次给出了方法 I、方法 II 和方法 III 的 Q-Q 图,其在数据的尾部上有明显差异,方法 III 在稀疏大额的尾部数据部分的拟合明显优于其他两种方法。

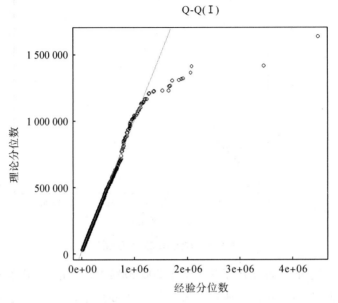

图 3-6　方法 I 的 Q-Q 图

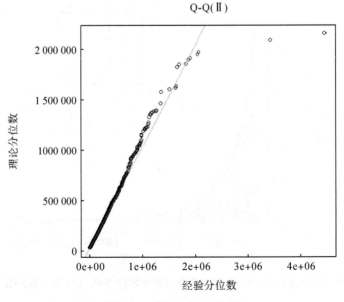

图 3-7　方法 II 的 Q-Q 图

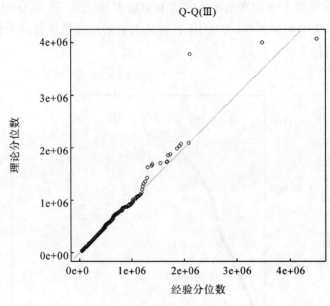

图 3-8　方法 Ⅲ 的 Q-Q 图

　　图 3-9 至图 3-10 给出了基于小于 200 000 的样本和全部样本的直方图和三种方法的拟合曲线,三种方法在拟合图上几乎看不出差异,这说明三种方法对数据主体都拟合得很好,这与图 3-3 至图 3-5 的结论一致。

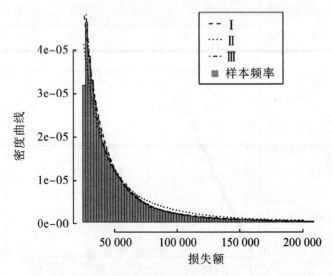

图 3-9　方法 Ⅰ、Ⅱ 和 Ⅲ 的拟合曲线与样本[2 500, 200 000]直方图

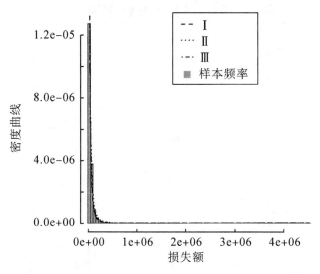

图 3-10 方法 I、II 和 III 的拟合曲线与全部样本直方图

为进一步比较三种方法的估计效果,本章将利用三种方法的估计分别计算风险度量 VaR 和 TVaR,在第三节中的式(3-2)和(3-4)已经给出关于 Erlang 混合分布的 VaR 和 TVaR 的计算公式,因此只需将参数估计值带入公式即可得到不同置信水平 p 下 VaR 和 TVaR 的估计。首先给出 VaR 和 TVaR 的非参数(nonparametric)估计作为标杆,定义 3-1 说明 VaR_p 就是 p-分位数,在置信水平为 p 的条件下,VaR_p 是方程 $F_n(\mathrm{VaR}_p) = p$ 的解,其中

$$F_n(x) = \frac{\sum_{i=1}^{n} I(x_i \leqslant x)}{n},$$ 而 TVaR 的非参数估计为 $\mathrm{TVaR}_p =$

$$\frac{\sum_{i=1}^{n} (x_i \cdot I(x_i > \mathrm{VaR}_p))}{\sum_{i=1}^{n} I(x_i > \mathrm{VaR}_p)}。$$

表 3-6 和表 3-7 分别给出 VaR 和 TVaR 的非参数估计及三种不同方法的估计,显然,方法 III 在高置信水平下,无论是 VaR 还是 TVaR 的估计都更接近非参数估计,其次是方法 II,最差的是方法 I,这与图 3-6 至图 3-8 的结论相呼应,尾部数据的估计效果直接影响 VaR 和 TVaR 在高置信水平上的表现。总之,本章给出的 iSCAD 惩罚比传统的 BIC 在拟合大额稀疏的尾部数据时表现更好。

表 3-6 方法 I、II 和 III 与非参数法的 VaR

置信水平	非参数法	I	II	III
80.0%	69 332	69 314	69 761	69 420
85.0%	81 456	81 785	81 765	81 523
90.0%	101 846	102 423	101 775	101 942
95.0%	147 563	146 411	147 080	147 114
97.5%	205 397	206 069	205 467	206 102
98.5%	259 236	258 455	259 205	258 599
99.0%	305 970	307 031	306 947	305 963
99.5%	406 225	407 364	407 582	409 180
99.9%	721 119	727 059	727 538	730 098
99.95%	970 505	989 074	971 888	971 057
99.99%	1 701 388	1 267 732	1 770 397	1 775 483
99.995%	1 963 024	1 335 436	2 005 718	1 985 626
99.997%	2 089 817	1 378 500	2 195 287	2 096 864
99.999%	3 734 111	1 459 130	2 394 833	3 967 590

表 3-7 方法 I、II 和 III 与非参数法的 TVaRs

置信水平	非参数法	I	II	III
80.0%	136 265	135 638	136 146	136 236
85.0%	156 692	155 820	156 411	156 645
90.0%	189 648	188 167	189 246	189 600
95.0%	258 456	255 501	257 789	258 351
97.5%	345 564	339 489	343 951	345 350
98.5%	422 794	412 847	420 273	422 383
99.0%	494 014	479 048	489 937	493 205
99.5%	637 748	608 219	629 990	636 246
99.9%	1 151 879	1 009 962	1 110 367	1 150 762
99.95%	1 458 602	1 164 513	1 376 645	1 457 699
99.99%	2 447 259	1 355 116	2 062 714	2 463 663
99.995%	3 043 534	1 411 431	2 255 474	3 041 870
99.997%	3 365 433	1 449 224	2 359 357	3 715 832
99.999%	4 518 420	1 520 749	2 499 270	4 051 506

附录 A   Erlang 混合模型三种方法下的估计结果

表 A.1   方法 I 的形状、权重和尺度参数的估计

γ_j	α_j	θ
1	0. 950 369 169 2	16 621. 91
4	0. 000 305 269 2	
5	0. 016 674 676 3	
6	0. 021 081 433 1	
7	0. 001 417 969 2	
8	0. 000 172 929 1	
9	0. 000 144 219 6	
10	0. 000 265 920 1	
11	0. 000 909 265 6	
12	0. 002 886 680 2	
13	0. 001 678 962 3	
14	0. 001 029 448 4	
15	0. 000 508 138 9	
19	0. 000 121 497 1	
21	0. 000 973 372 3	
23	0. 000 547 160 4	
32	0. 000 658 297 0	
53	0. 000 139 274 2	
70	0. 000 116 317 9	

表 A.2   方法 II 的形状、权重和尺度参数的估计

γ_j	α_j	θ
1	6. 670 521e-01	13 008. 11
4	6. 492 856e-05	
5	2. 438 996e-01	

γ_j	α_j	θ
6	1.464 163e-02	
10	2.035 65e-04	
11	3.212 49e-02	
12	1.996 671e-02	
13	7.804 933e-05	
19	1.492 888e-03	
20	1.225 34e-02	
21	9.353 468e-04	
30	6.340 282e-05	
31	2.739 182e-03	
32	1.914 173e-03	
45	1.633 296e-03	
68	5.304 61e-04	
89	2.486 93e-04	
136	1.120 31e-04	
174	4.568 729e-05	

表 A.3　方法 III 的形状、权重和尺度参数的估计

γ_j	α_j	θ
6	4.357 146e-01	3 574.662
12	2.082 148e-01	
15	1.391 404e-01	
20	7.625 732e-02	
25	3.480 783e-02	
30	3.982 403e-02	
40	2.684 655e-02	
50	1.425 068e-02	
65	1.152 380e-02	
85	6.516 467e-03	

γ_j	α_j	θ
115	3. 886 971e−03	
155	1. 721 645e−03	
200	4. 708 100e−04	
250	3. 426 637e−04	
300	2. 451 458e−04	
370	8. 071 734e−05	
480	7. 057 723e−05	
550	5. 856 789e−05	
1 100	2. 638 905e−05	

附录 B Erlang 混合模型的 R 代码

```
##############################################################
## left truncated Erlang mixture with iSCAD penalty
##############################################################

## Log likelihood of sample

erlang.loglikclihood <- function( x, shape, t, theta, pi) {
    x.densities <- outer( x, shape, dgamma, scale = theta)
    coe <- pi/( 1−pgamma( t, shape, scale = theta) )
    x.components <- sweep( x.densities, 2, coe, FUN = " * " )
    likelihood.contribution <- rowSums( x.components)
    loglikelihood.contribution <- ifelse( likelihood.contribution>0,
                                     log( likelihood.contribution) , −1000)
    erlang.loglikelihood <- sum( loglikelihood.contribution)
    return( erlang.loglikelihood)
}

## iSCAD function
```

```r
penalty<-function(lambda, pi){
    varepsilon = lambda^1.5
    m = length(pi)
    a = m/(m-lambda)      # the only value of paramter a
    pi[is.na(pi)] = 1/m
    pen = vector()
    for(j in 1:m){
        pen[j] <- ifelse(pi[j]>a * lambda, lambda * (log((a * lambda+varepsilon)/
varepsilon)+a^2 * lambda^2/2-a * lambda/(a * lambda+varepsilon))
                        , lambda * (log((pi[j]+varepsilon)/varepsilon)-pi[j]^2/2+
(a * lambda-1/(a * lambda+varepsilon))) * pi[j]))
    }
    penalty<-sum(pen)
    penalty
}
```

Upper incomplete gamma function

```r
uppergamma <- function(x, a){
    uppergamma <- pgamma(x,a,lower=FALSE) * gamma(a)
    return(uppergamma)
}
```

A component in the EM recursive procedure

```r
component <- function(t, theta, shape){
    component <- numeric(length(shape))
    for (i in 1:length(shape)){
        if (shape[i]>70){
            component[i] = 0
        }
        else component[i] <- t^shape[i] * exp(-t/theta)/theta^(shape[i]-1)/upper-
gamma(t/theta,shape[i])
    }
    return(component)
}
```

loglikelihood function with iSCAD penalty

```
erlang.ploglikelihood<-function( x, shape, t, theta, pi, b) {
  n<-length( x)
  lambda<-b/n^0.5    # the order of the parameter lambda
  ploglikelihood <-erlang.loglikelihood( x, shape, t, theta, pi) -n * penalty( lambda,
pi)
  list( ploglikelihood = ploglikelihood , lambda = lambda )
}
```

E-step: z_{ij}^{k} from kth iteration

```
erlang.z <-function( x, shape, t, theta, pi) {
  x.densities <- outer( x, shape, dgamma, scale = theta)
  coe <- pi/( 1-pgamma( t, shape, scale = theta) )
  x.components <- sweep( x.densities, 2, coe, FUN = " * " )
  z <- sweep( x.components, 1, rowSums( x.components), FUN = "/" )
  # in case all z_{ij}^{k} for j = 1, ..., M are numerically 0
  z[ is.nan( z) ] = 1/length( shape)
  return( z)
}
```

E-M alogrithm with iSCAD penalty

```
erlang.em2<-function( x, shape, t, theta, pi, b, eps, print = TRUE) {
  n <- length( x)
  iteration <- 0
  m<-length( pi)
  temp<-erlang.ploglikelihood( x, shape, t, theta, pi,   b)
  ploglikelihood <-temp $ ploglikelihood
  loglikelihood<-erlang.loglikelihood( x, shape, t, theta, pi)
  lambda <- temp $ lambda
  a<-m/( m-lambda)
  old.ploglikelihood <- -Inf
  history.ploglikelihood <- ploglikelihood
  shape1<-c( )
  pi1<-c( )
```

```r
while( ploglikelihood - old.ploglikelihood > eps ) {
    old.ploglikelihood <- ploglikelihood
    if( print ) cat ( "ploglikelihood = ", ploglikelihood, "loglikelihood = ", loglikeli-
hood, "shape = ", shape, "\n", "theta = ", theta, "pi = ", pi, "\n" )
    shape1<-shape[ pi>0 ]
    m1<-length( shape1 )
    pi1<-pi[ pi>0 ]
    theta1<-theta
    ploglikelihood1<-ploglikelihood
    loglikelihood1<-loglikelihood
    history.ploglikelihood <- c( history.ploglikelihood, ploglikelihood )
    iteration <- iteration + 1
    # E step
    z <- erlang.z( x, shape, t, theta, pi )
    # M step
    temppi<-c( )
    temppi <- colSums( z )/n
    m<-length( temppi )
    a<-m/( m-lambda )
    for( i in 1:m ) {
        help1 <-m * max( temppi[ i ] - lambda,0 )/lambda
        pi[ i ]<- help1 * ( temppi[ i ] <=a * lambda ) + temppi[ i ] * ( temppi[ i ] >
a * lambda )
    }
    pi<-pi/sum( pi )
    comp <- component( t, theta, shape )
    theta <- ( sum( x ) -sum( sweep( z,2,comp, FUN = " * " ) ) )/n/sum( temppi *
shape )


    ploglikelihood <- erlang.ploglikelihood( x, shape, t, theta, pi, b ) $ ploglikeli-
hood
    loglikelihood<-erlang.loglikelihood( x, shape, t, theta, pi )
}


z <- erlang.z( x, shape1, t, theta1, pi1 )
dimnames( z ) <- list( 1:n, 1:m1 )
loc<-apply( z,1, function( t ) colnames( z )[ which.max( t ) ] )############ loc is vec-
```

```
tor
x11<-data.frame( data = x , location = loc )
lis1<-split( x11 $ data, x11 $ loc )
spli<-list( )
list( shape = shape1 , m = m1 , pi = pi1 , theta = theta1 , ploglikelihood = ploglikelihood1 , lo-
glikelihood = loglikelihood1 , history.ploglikelihood = history.ploglikelihood ,
        iteration = iteration , lambda = lambda , spli = lis1 ,
        AIC = -2 * loglikelihood1 + 2 * ( 2 * m1 + 1 ) ,
        BIC = -2 * loglikelihood1 + ( 2 * m1 + 1 ) * log( length( x ) ) )
}


## Solve for alpha
fit.alpha <- function( pi, shape, theta, t ) {
  c <- 1-pgamma( t , shape , scale = theta )
  alpha <- pi/c/sum( pi/c )
  return( alpha )
}


## K :Solve for alpha
fit.alphaK<-function( piK , shapeK , thetaK , t ) {
  m<-length( piK[ [ 1 ] ] )
  K<-length( thetaK )
  alphaK<-matrix( , m , K )

  for( k in 1 : K ) {
    alphaK[ , k ]<-fit.alpha( piK[ [ k ] ] , shapeK[ [ k ] ] , thetaK[ k ] , t )
  }
  return( alphaK )
}
## K samples

erlang.emnK2<-function( data , shapeK , t , thetaK , piK , b , eps , print = TRUE ) {
  write.table( " , " , " shape1.xls" )
  write.table( " , " , " pi1.xls" )
  K<-ncol( data )
  m<-vector( )
  result<-list( )
```

```
new.shapeK<-list( )
new.piK<-list( )
new.thetaK<-c( )
lambda<-c( )
loglikelihood<-c( )
AIC<-c( )
BIC<-c( )
for( k in 1:K) {
    if( print) cat( "sign=",k," \n" )

    x<-data[ ,k]
    s<-shapeK[ [k] ]
    l<-piK[ [k] ]
    h<-thetaK[ k]

    rek<-erlang.em2( x,s,t,h,l,b, eps, print=TRUE)

    m[ k] <-length( rek $ pi)
    result[ [k] ] <-rek
    new.shapeK[ [k] ] <-rek $ shape
    new.piK[ [k] ] <-rek $ pi
    new.thetaK[ k] <-rek $ theta
    lambda[ k] <-rek $ lambda
    loglikelihood[ k] <-rek $ loglikelihood
    BIC[ k] <-rek $ BIC
    AIC[ k] <-rek $ AIC

    cat( new.shapeK[ [k] ] ,file=" F:/2015/codes/R/shape1.xls" ,append=TRUE)

    cat( " \n" ,file=" F:/2015/codes/R/shape1.xls" ,append=TRUE,seq=" \t" )
    cat( new.piK[ [k] ] ,file=" F:/2015/codes/R/pi1.xls" ,append=TRUE)
    cat( " \n" ,file=" F:/2015/codes/R/pi1.xls" ,append=TRUE,seq=" \t" )
}
cat( "new.theta=" ,new.thetaK," \n" ," lambda=" ,lambda," \n" ," m=" ,m," log-
likelihood=" ,loglikelihood," BIC=" ,BIC," AIC=" ,AIC,file=" F:/2015/codes/R/
shape1.xls" ,append=TRUE,seq=" \t" )
    cat( " \n" ,file=" F:/2015/codes/R/shape1.xls" ,append=TRUE,seq=" \t" )
```

```
   cat( " \n" , file = " F:/2015/codes/R/shape1.xls" , append = TRUE, seq = " \t" )  #
create  a blank line in shape1
   cat( " \n" , file = " F:/2015/codes/R/pi1.xls" , append = TRUE, seq = " \t" )        #
create a blank line    in pi1
   m.prob<-table( m)/length( m)
   list( shapeK = new.shapeK, piK = new.piK, thetaK = new.thetaK, lambda = lambda, m.
prob = m.prob, loglikelihood = loglikelihood, BIC = BIC, AIC = AIC)
 }


## initial valve: equal diference d
erlang.initiald<-function( x, M,d) {
   theta <- max( x)/M
   shape <- seq( 1,M,d)

   M1<-length( shape)
   pi <- rep( NA,M1)
   for (i in 1:(M1-1)) {
      pi[ i] <- sum( x < shape[ i+1] * theta & x >=shape[ i] * theta)
   }

   pi[ M1]<-sum( x <= max( x) & x >=shape[ M1] * theta)
   shape<-shape[ pi>0]
   pi<-pi[ pi>0]
   pi<-pi/sum( pi)

   list( theta = theta, shape = shape, pi = pi)
 }

## K initial valve

erlang.initialK<-function( data, M,d) {
   K<-ncol( data)
   thetaK = c( )

   shapeK = list( )
   piK = list( )
```

```
   for( k in 1:K) {
      initial<-erlang.initiald( data[ ,k],M,d)
      thetaK[ k] <-initial $ theta
      shapeK[ [ k] ] <-initial $ shape
      piK[ [ k] ] <-initial $ pi
   }
   list( thetaK = thetaK, shapeK = shapeK, piK = piK)
}


## Mixture of left-truncated Erlang density function
lt.erlang.density <- function( x, theta, shape, t, pi) {
   x.densities <- outer( x,shape,dgamma,scale = theta)
   coe <- pi/( 1-pgamma( t,shape,scale = theta) )
   x.components <- sweep( x.densities,2,coe,FUN = " * " )
   rowSums( x.components)
}
## Plot mixture of left-truncated Erlangs and histogram of left-truncated data

lt.erlang.plot.datan<-function( x, t, shape, alpha, theta, titlename, nbins = 50,
                                lower = 1,
                                upper = 20, xlab = " " ,
                                legend = TRUE, lwd = 2,...) {
   temp <- seq( lower,upper,by = ( upper-lower)/10000)
   y <- lt.erlang.density( temp,theta,shape,t,alpha)
   truehist( x, h = ( upper-lower)/nbins, xlim = c( lower,upper) , xlab = xlab,...)
   lines( temp,y,col = " red" ,lwd = lwd)
   if( legend) {
      legend( 'topright ',legend = c( " Fitted Density" ," Observed Relative Freq" ) ,
              col = c( " red" ," cyan" ) ,pch = c( NA,15) ,pt.cex = 2,lty = c( 19,NA) ,lwd
= c( lwd,NA) )
   }
   title( titlename)
}


## the true density and estimated density line, histogram of left-truncated data
lt. erlang. plot. datapare < - function ( x, t, shape, shape0, pi, pi0, theta, theta0,
titlename, nbins,
```

```
                              lower = 0,
                              upper = 50, xlab = "",
                              legend = TRUE, lwd = 2, ...) {
  temp <- seq(0, upper, by = (upper−lower)/10000)
  y <- lt.erlang.density(temp, theta, shape, t, pi)
  z <- lt.erlang.density(temp, theta0, shape0, t, pi0)
  truehist(x, h = (upper−lower)/nbins, xlim = c(lower, upper), xlab = xlab, ...)
  lines(temp, y, col = "red", lwd = lwd)
  lines(temp, z, col = "blue", lwd = lwd)
  if(legend) {
    legend('topright', legend = c("I", "III", "Observed Relative Freq"),
           col = c("red", "blue", "cyan"), pch = c(NA, NA, 15), pt.cex = 2, lty = c
(19, 19, NA), lwd = c(lwd, lwd, NA))
  }
  title(titlename)
}


## the true density and estimated density line, histogram of left−truncated data
lt.erlang.plot.datapare1 <- function(x, t, shape1, shape2, shape3, shape0, pi1, pi2, pi3,
pi0, theta1, theta2, theta3, theta0, titlename, nbins,
                              lower = 0,
                              upper = 200, xlab = "", ylab = "",
                              legend = TRUE, lwd = 2, ...) {
  temp <- seq(lower, upper, by = (upper−lower)/10000)
  x1 <- lt.erlang.density(temp, theta1, shape1, t, pi1)
  x2 <- lt.erlang.density(temp, theta2, shape2, t, pi2)
  x3 <- lt.erlang.density(temp, theta3, shape3, t, pi3)
  z <- lt.erlang.density(temp, theta0, shape0, t, pi0)
  truehist(x, h = (upper−lower)/nbins, xlim = c(lower, upper), xlab = xlab, ylab =
ylab, ...)
  lines(temp, x1, col = "red", lwd = lwd)
  lines(temp, x2, col = "green", lwd = lwd)
  lines(temp, x3, col = "yellow", lwd = lwd)
  lines(temp, z, col = "blue", lwd = lwd)
  if(legend) {
    legend('topright', legend = c("I", "II", "III", "True Density", "Observed
Relative Freq"),
```

```
               col = c ( " red" , " green" , " yellow" , " blue" , " cyan" ) , pch = c ( NA , NA ,
NA , NA , 15 ) , pt.cex = 2 , lty = c ( 19 , 19 , 19 , 19 , NA ) , lwd = c ( lwd , lwd , lwd , lwd , NA ) )
    }
    title ( titlename )

}


## Generate n random numbers from left-truncated Erlang mixtures
rltErlangmix <-function ( n, t, shape, pi, theta) {
    alpha <-fit.alpha ( pi , shape , theta , t )
    count <- 0
    randnum <- numeric ( n )
    while ( count < n ) {
        data <- rgamma ( 1, shape = sample ( shape, size = 1, replace = TRUE, prob = al-
pha ) , scale = theta )
        if ( data>t ) {
            count <- count + 1
            randnum [ count ] = data
        }
    }
    randnum

}


## generate K samples
rltErlangmixK <-function ( n, K, shape , pi , theta , t )
{
    m = length ( shape )
    nindex <-matrix ( , m , K )
    nindex = rmultinom ( K , n , prob = pi )
    data0 = c ( )
    data <-matrix ( NA , n , K )
    for ( k in 1 : K ) {
        for ( j in 1 : m ) {
            data0 = c ( data0, rltErlangmix ( nindex [ j , k ] , t, shape, pi, theta ) )
        }
    }
    data <-matrix ( data0 , n , K , byrow = FALSE )
```

```
    list( nindex = nindex , data = data )
}


##colmax
esM<-function( data ) {
    x<-c( )
    K<-ncol( data )
    for( k in 1:K ) {
        x[ k ]<-max( data[ , k ] )
    }
    y<-mean( x )
    list( x = x , y = y )
}


## moments of Erlang distribution
erlang.moment <- function( k , theta , shape ) {
    moment <- theta^k
    for ( i in 0:( k-1 ) ) {
        moment <- moment * ( shape+i )
    }
    moment
}


## moments of mixture of Erlang distribution
erlangmix.moment <- function( k , theta , shape , pi ) {
    components <- erlang.moment( k , theta , shape )
    moment <- sum( pi * components )
    moment
}


##all less than Kth moment
I.moment<-function( I , theta , shape , pi ) {
    moment<-c( )
    for( i in 1:I ) {
        moment[ i ]<-erlangmix.moment( i , theta , shape , pi )
    }
    list( moment = moment )
```

```
}
##
momentK<-function(I,theta,shape,pi){
  write.table(",","moment.xls")
  K<-length(theta)
  y<-matrix(,I,K)
  for(k in 1:K){
    y[,k]<-I.moment(I,theta[k],shape[[k]],pi[[k]])[[1]]
    cat(y[,k],file="F:/2015/codes/R/moment.xls",append=TRUE)
    cat("\n",file="F:/2015/codes/R/moment.xls",append=TRUE,seq="\t")
  }
  list(y=y)
}


## Generate n random numbers from left-truncated Erlang

rltErlang<-function(n, t, shape,theta){
  count <- 0
  randnum <- numeric(n)
  while (count < n){
    data <- rgamma(1, shape, scale=theta)
    if (data>t){
      count <- count + 1
      randnum[count]=data
    }
  }


  randnum
}


## generate K samples

rltErlangmix11<-function (n, K)
{

  data<-matrix(NA,n,K)
  for(k in 1 :K){
```

```
        sample1<-rltErlang( n/2,1,5,1)
        sample2<-rltErlang( n/2,1,10,2)
        sample<-c( sample1,sample2)
        data[,k]<-sample
    }

    return( data=data)
}
```

##density of left-truncated Erlang mixture (with different theta, x is one point)

```
lt.erlang.densityd<-function( x,theta,shape,t,alpha) {
    temp<-c( )
    temp<-dgamma( x,shape,scale=theta)/( 1-pgamma( t,shape,scale=theta) )
    mixdensity<-sum( alpha * temp)
    return( mixdensity)
}
```

Plot mixture of left-truncated Erlangs and histogram of left-truncated data(with different theta)

```
lt.erlang.plot.datad <- function( data, t, shape, alpha, theta, titlename, nbins=50,
                                  lower=0,
                                  upper=40, xlab=" " ,
                                  legend-TRUE, lwd-2,...) {
    y<-c( )
    x <- seq( 0,upper,by=( upper-lower)/10000)
    I<-length( x)
    for( i in 1:I) {
        y[i] <- lt.erlang.densityd( x[i],theta,shape,t,alpha)
    }
    truehist( data, h=( upper-lower)/nbins, xlim=c( lower,upper) , xlab=xlab,...)
    lines( x,y,col=" red" ,lwd=lwd)
    if( legend) {
        legend( 'topright ',legend=c ( " Fitted Density" ," Observed Relative Freq" ) ,
                col=c( " red" ," cyan" ) ,pch=c( NA,15) ,pt.cex=2,lty=c( 19,NA) ,lwd
=c( lwd,NA) )
```

```r
    }
  title( titlename)
}


## Mixture of left-truncated Erlang CDF

lt.erlang.cdf <- function( x, theta, shape, t, pi) {
  t.vec <- rep( t,length( x) )
  x.cdfs <- outer( x, shape, pgamma, scale = theta) -outer( t.vec, shape, pgamma, scale
= theta)
  coe <- pi/( 1-pgamma( t,shape,scale = theta) )
  x.components <- sweep( x.cdfs,2,coe,FUN = " * " )
  rowSums( x.components)
}


## P-P plot for left-truncated data VS fitted left-truncated Erlang mixtures

erlang.pp_plot <- function( data, t, shape, pi, theta, mainlabel, xlabel, ylabel) {
  y <- lt.erlang.cdf( data,theta,shape,t,pi)
  plot( ppoints( length ( data) ) , sort ( y) , main = mainlabel, xlab = xlabel, ylab = ylabel,
type = "l" ,lwd = 2)
  abline( 0,1,col = " red" ,lwd = 1.5)
}


## Q-Q plot for left-truncated data VS fitted left-truncated Erlang mixtures
erlang.qq_plot <- function( data, t, shape, pi, theta, mainlabel, xlabel, ylabel) {
  fittednum <- rltErlangmix( length( data) ,t,shape,pi,theta)
  empirinum <- data
  qqplot( empirinum,fittednum,main = mainlabel,xlab = xlabel,ylab = ylabel)
  abline( 0,1,col = " red" )
}
```

第四章 Erlang 极值混合模型
及其应用

本章研究 Erlang 极值混合模型,主要解决保险数据的长尾性。主要内容包括模型介绍,EM 算法,风险度量的计算,模型在保险中的应用。本章的结构安排如下:第一节引言,第二节建立 Erlang 极值混合模型,计算 VaR 和 TVaR;第三节给出样本的 iSCAD 惩罚似然函数,使用 EM 算法估计参数;第四节进行模拟实验;第五节给出 Erlang 极值混合模型在实际保险数据中的应用。

第一节 引言

极值混合理论广泛应用于各领域的数据分析中,尤其在保险、金融、水文和环境科学等领域。常见的正态、伽玛等单一参数分布在尾部数据的拟合上表现不佳,为弥补这一不足,极值理论被提出。极值理论主要拟合数据的尾部,尤其是重尾的情况。在保险领域,大额索赔在保险公司的风险管理和产品定价,尤其是再保险产品的定价方面,有不可忽略的意义。Resnick (1997)、Embrechts et al. (1999) 和 McNeil(1997) 等将极值理论引入保险的风险管理中。为使数据的主体和尾部都拟合得很好,Behrens et al.(2004) 提出单一参数分布与一个极值分布的混合,Carreau 和 Bengio(2009)讨论混合参数分布与极值分布的混合,Behrens et al.(2004), Carreau et al.(2006), Frigessi et al. (2002), MacDonald et al. (2011), Melo et al.(2004)等给出多种极值混合模型。Lee et al.(2012)最早将极值混合模型引入到保险数据中,但是所有这些混合模型都没有考虑混合模型序的确定。

Erlang 分布是轻尾的,用它来拟合重尾分布可能很难达到预期效果。其次,尾部数据一般权重都很小,式(4-8)可以看出,权重小于阈值 λ 的相应 Erlang 分布都被删除,这不利于保留拟合尾部数据。为解决上述这些问题,本章建立 Erlang 混合与广义帕累托分布(GPD)的混合,GPD 用于拟合数据的尾部,而 Erlang 混合模型用于拟合数据的主体,这样既有 Erlang 混合模型的优点,又同时保留了极值理论的长处。

第二节　Erlang 极值混合模型

保险数据的尾部一般是稀疏的,相对权重参数较小,式(3-7)将小于调整参数 λ 的权重参数删除,这可能导致拟合尾部的 Erlang 分布被删除,影响其尾部的拟合效果。其次,Erlang 分布是轻尾的,对厚尾特征的数据进行拟合时,效果可能不尽如人意。为解决这些问题,本章引入极值理论,用于拟合数据的尾部,建立 Erlang 混合模型与极值分布的混合模型。

一、模型的建立

混合模型分为两部分,针对数据的尾部和主体分别给出不同的分布。第一章提到,保险数据的异质性比较明显,单一的 Erlang 分布可能很难给出好的拟合效果,因此,数据的主体部分仍然选用 Erlang 混合模型来拟合,而尾部采用极值分布。为使极值分布不影响 Erlang 混合模型的参数估计,本章采用左右双边截断的 Erlang 混合模型,以 l 和 μ 分别表示左右截断点,双边截断的 Erlang 混合模型的密度函数是

$$
\begin{aligned}
f(x;l,\mu,\alpha,\gamma,\theta) &= \frac{f(x;\alpha,\gamma,\theta)}{F(\mu;\alpha,\gamma,\theta) - F(l;\alpha,\gamma,\theta)} \\
&= \sum_{j=1}^{m} \alpha_j \frac{f(x;\gamma_j,\theta)}{F(\mu;\alpha,\gamma,\theta) - F(l;\alpha,\gamma,\theta)} \\
&= \sum_{j=1}^{m} \alpha_j \frac{F(\mu;\gamma_j,\theta) - F(l;\gamma_j,\theta)}{F(\mu;\alpha,\gamma,\theta) - F(l;\alpha,\gamma,\theta)} \frac{f(x;\gamma_j,\theta)}{F(\mu;\gamma_j,\theta) - F(l;\gamma_j,\theta)} \\
&= \sum_{j=1}^{m} \pi_j f(x;l,\mu,\gamma_j,\theta) \triangleq f(x;l,\mu,\pi,\gamma,\theta) \quad (4\text{-}1)
\end{aligned}
$$

其中

$$\pi_j = \alpha_j \frac{F(\mu; \gamma_j, \theta) - F(l; \gamma_j, \theta)}{F(\mu; \alpha, \gamma, \theta) - F(l; \alpha, \gamma, \theta)} \tag{4-2}$$

$f(x; \gamma_j, \theta)$ 是 Erlang 分布的密度函数, 相应分布函数为 $F(x; \gamma_j, \theta)$。

显然, 式(4-1)是左右截断点为 l 和 μ 的 Erlang 分布 $f(x; l, \mu, \gamma_j, \theta)$ 的混合模型, 混合权重为 $\pi = (\pi_1, \cdots, \pi_j)$, 满足 $\pi_j \geqslant 0$ 和 $\sum_{j=1}^{m} \pi_j = 1$, $\gamma = (\gamma_1, \cdots, \gamma_m)$ 是形状参数, 均为正整数, $\theta > 0$ 是共有的尺度参数。相应生存函数为

$$\overline{F}(x; l, \mu, \pi, \gamma, \theta) = \sum_{j=1}^{m} \pi_j \frac{F(\mu; \gamma_j, \theta) - F(x; \gamma_j, \theta)}{F(\mu; \gamma_j, \theta) - F(l; \gamma_j, \theta)}$$

数据的尾部本章选用广义帕累托分布 (Generalized Pareto Distribution, GPD) 进行拟合, 广义帕累托分布的密度函数是

$$g_\mu(x; \xi, \sigma) = \begin{cases} \dfrac{1}{\sigma} \left\{ 1 + \dfrac{\xi(x-\mu)}{\sigma} \right\}^{-\frac{1}{\xi}-1} & x \in (\mu, \infty) \text{ if } \xi > 0 \\[3mm] \dfrac{1}{\sigma} exp\left\{ -\dfrac{\xi(x-\mu)}{\sigma} \right\} & x \in (\mu, \infty) \text{ if } \xi = 0 \\[3mm] \dfrac{1}{\sigma} \left\{ 1 + \dfrac{\xi(x-\mu)}{\sigma} \right\}^{-\frac{1}{\xi}-1} & x \in \left(\mu, \mu - \dfrac{\sigma}{\xi}\right) \text{ if } \xi < 0 \end{cases}$$

广义帕累托分布的分布函数是

$$G_\mu(x; \xi, \sigma) = \begin{cases} 1 - \left\{ 1 + \dfrac{\xi(x-\mu)}{\sigma} \right\}^{-\frac{1}{\xi}} & x \in (\mu, \infty) \text{ if } \xi > 0 \\[3mm] 1 - exp\left\{ -\dfrac{\xi(x-\mu)}{\sigma} \right\} & x \in (\mu, \infty) \text{ if } \xi = 0 \\[3mm] 1 - \left\{ 1 + \dfrac{\xi(x-\mu)}{\sigma} \right\}^{-\frac{1}{\xi}} & x \in \left(\mu, \mu - \dfrac{\sigma}{\xi}\right) \text{ if } \xi < 0 \end{cases}$$

本章建立的 Erlang 极值混合模型的密度函数为

$$h(x; l, \mu, \alpha, \gamma, \theta, \xi, \sigma) = \begin{cases} (1 - \psi_\mu) f(x; l, \mu, \alpha, \gamma, \theta) & \text{if } x \leqslant \mu \\ \psi_\mu g_\mu(x; \xi, \sigma) & \text{if } x > \mu \end{cases} \tag{4-3}$$

其中 μ 为阈值, $\psi_\mu = P(X > \mu)$, 一般由大于 μ 的样本的比例来估计。

相应的分布函数为

$$H(x; l, \mu, \alpha, \gamma, \theta, \xi, \sigma) = \begin{cases} (1 - \psi_\mu) F(x; l, \mu, \alpha, \gamma, \theta) & \text{if } x \leqslant \mu \\ (1 - \psi_\mu) + \psi_\mu G_\mu(x; \xi, \sigma) & \text{if } x > \mu \end{cases}$$

二、风险度量

与式（3-1）类似,密度函数的生存函数即式(4-3)可以由 Erlang 密度函数表达为

$$\bar{H}(x;l,\mu,\alpha,\gamma,\theta,\xi,\sigma)$$

$$= \begin{cases} \psi_\mu + (1 - \psi_\mu) \dfrac{\theta \sum\limits_{j=1}^{\gamma_m} Q_j(f(x;j,\theta) - f(\mu;j,\theta))}{F(\mu;\alpha,\gamma,\theta) - F(l;\alpha,\gamma,\theta)} & \text{if } x \leqslant \mu \\ \\ \psi_\mu \, \bar{G}_\mu(x;\xi,\sigma) & \text{if } x > \mu \end{cases}$$

其中 $Q_j = \sum\limits_{k=j}^{\gamma_m} \alpha_k, j = 1,\cdots,\gamma_m$。

假设损失随机变量 X 服从 Erlang 极值混合模型,即式(4-3),给定置信水平 p,有

$$\bar{H}(x;l,\mu,\alpha,\gamma,\theta,\xi,\sigma) = 1 - p \qquad (4-4)$$

式(4-4)的解即置信水平为 p 的 VaR_p。

计算 TVaR_p 之前,首先研究自付责任额为 $R(>l)$ 的再保险的纯保费,其公式是

$$E((X - R)_+) = \begin{cases} \dfrac{1 - \psi_\mu}{F(\mu;\alpha,\gamma,\theta) - F(l;\alpha,\gamma,\theta)}\Big[\theta^2 \sum\limits_{j=1}^{\gamma_m} Q_j^*(f(R;j,\theta) \\ \qquad - f(\mu;j,\theta)) - (\mu - R)\sum\limits_{j=1}^{\gamma_m}\alpha_j\bar{F}(\mu,j,\theta)\Big] \\ \quad + \psi_\mu\Big[\Big(\mu + \dfrac{\sigma}{1 - \xi}\Big)I(0 < \xi < 1) - R\Big] \text{ if } R \leqslant \mu \\ \dfrac{\sigma + (R - \mu)*\xi}{1 - \xi}I(0 < \xi < 1)\,\psi_\mu\bar{G}(R;\mu,\sigma,\xi)\ ifR > \mu \end{cases}$$

其中 $Q_j^* = \sum\limits_{k=j}^{\gamma_m} Q_k, j = 1,\cdots,\gamma_m$。

当自付责任额 $R = \text{VaR}_p$,置信水平 p 为 的 TVaR_p 为

$$\text{TVaR}_p = E(X \mid X > \text{VaR}_p) = E((X - \text{VaR}_p) \mid X > \text{VaR}_p) + \text{VaR}_p$$

$$= \frac{E((X - R)_+)}{1 - p} + \text{VaR}_p \qquad (4-5)$$

三、参数估计

Erlang 极值混合模型的所有待估参数是:拟合数据主体部分的 Erlang 混合分布的序 m,形状参数 $\gamma = (\gamma_1, \cdots, \gamma_m)$,相应的权重参数 $\alpha = (\alpha_1, \cdots, \alpha_m)$,所有 Erlang 分布共用的尺度参数 θ,拟合数据尾部的广义帕累托分布的阈值 μ,尺度参数 σ,形状参数 ξ。

由式(4-1)知,密度函数式(4-3)也可以表示为

$$h(x; l, \mu, \pi, \gamma, \theta, \xi, \sigma) = \begin{cases} (1 - \psi_\mu) f(x; l, \mu, \pi, \gamma, \theta) & \text{if } x \leqslant \mu \\ \psi_\mu\, g_\mu(x; \xi, \sigma) & \text{if } x > \mu \end{cases} \quad (4-6)$$

假设 $X = (X_1, \cdots, X_n)$ 是独立同分布的随机变量,服从密度函数 $h(x; l, \mu, \pi, \gamma, \theta, \xi, \sigma)$,即式(4-6),样本观测值为 $x = (x_1, \cdots, x_n)$,相应有序样本观测值为 $x_{(1)} \leqslant \cdots \leqslant x_{(n)}$,记

$$k = \sum_{i=1}^{n} I(x_{(k)} > \mu)$$

Pickands(1975)给出与阈值 μ 相应的 k 的选择方法,从 1 开始依次增加,最大值为 $[n/4]$,而 $\mu = x_{(n-k)}$,通过比较极大似然函数值的大小选择 k。为方便后面的说明,重新表示 $n' = n - k$ 和 $x' = (x_{(1)} \leqslant \cdots \leqslant x_{(n')})$。

形状参数的估计与第三章的方法相似,即预先给定一个大的混合序 M,形状参数的所有可能取值是 $\gamma = (\gamma_1, \cdots, \gamma_M)$。

Erlang 极值混合模型的密度函数 $h(x; l, \mu, \pi, \gamma, \theta, \xi, \sigma)$ 中的未知参数 $\varphi = (\pi_1, \cdots, \pi_M, \theta)$ 采用 EM 算法来估计。

样本 $x = (x_1, \cdots, x_n)$ 的对数似然函数为

$$\begin{aligned}
l_n(\varphi, \xi, \sigma; x) &= \sum_{i=1}^{n} \ln h(x; l, \mu, \pi, \gamma, \theta, \xi, \sigma) \\
&= \sum_{i=1}^{n} \ln\Big[(1 - \psi_\mu) \sum_{j=1}^{M} \pi_j f(x_i; l, \mu, \gamma_j, \theta) I(x_i \leqslant \mu) \\
&\quad + \psi_\mu\, g_\mu(x_i; \xi, \sigma) I(x_i > \mu) \Big] \\
&= \sum_{i=1}^{n'} \ln\Big[(1 - \psi_\mu) \sum_{j=1}^{M} \pi_j f(x_{(k)}; l, \mu, \gamma_j, \theta) \Big] \\
&\quad + \sum_{i=n'+1}^{n} \ln[\psi_\mu\, g_\mu(x_{(k)}; \xi, \sigma)] \\
&= l_{n'}(\varphi; x') + \sum_{i=n'+1}^{n} \ln[\psi_\mu\, g_\mu(x_{(k)}; \xi, \sigma)]
\end{aligned}$$

样本 $x = (x_1, \cdots, x_n)$ 的 iSCAD 惩罚对数似然函数,其中与参数 $\varphi = (\pi_1, \cdots, \pi_M, \theta)$ 有关的部分是

$$l_{n',P}(\varphi; x) = l_{n'}(\varphi; x') - n' \sum_{j=1}^{M} P_{\varepsilon,\lambda}(\pi_j)$$

与第三章类似的隐变量 $Z = (Z_1, \cdots, Z_n)$,其中 $Z_i = (Z_{ij} \mid i = 1, \cdots, n, j = 1, \cdots, M)$,

$$Z_{ij} = \begin{cases} 1 & \text{如果观测值} x_i \text{来自第} j \text{个分量分布} f(x_i; l, \mu, \gamma_j, \theta) \\ 0 & \text{否则} \end{cases}$$

完整样本 (x, Z) 的似然函数为

$$
\begin{aligned}
L_n(\varphi; x, Z) &= \prod_{i=1}^{n} \prod_{j=1}^{M} \{ [\pi_j(1 - \psi_\mu) f(x_i; l, \mu, \gamma_j, \theta) I(x_i \leq \mu)]^{z_{ij}} \\
&\quad + \psi_\mu g_\mu(x_i; \xi, \sigma) I(x_i > \mu) \} \\
&= \prod_{j=1}^{M} \prod_{i=1}^{n'} [\pi_j(1 - \psi_\mu) f(x_{(k)}; l, \mu, \gamma_j, \theta)]^{z_{ij}} \prod_{i=n'+1}^{n} [\psi_\mu g_\mu(x_{(k)}; \xi, \sigma)]
\end{aligned}
$$

相应完整样本 (x, Z) 的对数似然函数为

$$
\begin{aligned}
l_n(\varphi; x, Z) &= \sum_{j=1}^{M} \sum_{i=1}^{n'} z_{ij} \{ \ln(\pi_j) + \ln[(1 - \psi_\mu) f(x_{(k)}; l, \mu, \gamma_j, \theta)] \} \\
&\quad + \sum_{j=1}^{M} \sum_{i=n'+1}^{n} \ln[\psi_\mu g_\mu(x_{(k)}, \xi, \sigma)]
\end{aligned}
$$

相应的完整样本 (x, Z) 的 iSCAD 惩罚对数似然函数为

$$l_{n,P}(\varphi; x, Z) = l_n(\varphi; x, Z) - n' \sum_{j=1}^{M} P_{\varepsilon,\lambda}(\pi_j)$$

EM 算法是利用迭代过程来估计参数的方法,假设已经完成第 k 次迭代,获得的当前估计是 $\varphi^{(k)} = (\pi_1^{(k)}, \cdots, \pi_M^{(k)}, \theta^{(k)})$,EM 算法的 E-step 和 M-step 分别为

E-step:$l_{n,P}(\varphi; x, Z)$ 关于隐变量 Z 求条件期望,得

$$
\begin{aligned}
Q(\varphi \mid \varphi^{(k)}) &= \sum_{j=1}^{M} \sum_{i=1}^{n'} q(\gamma_j \mid x_{(k)}, \varphi^{(k)}) \{ \ln(\pi_j) + \ln[(1 - \psi_\mu) f(x_{(k)}; l, \mu, \gamma_j, \theta)] \} \\
&\quad + \sum_{j=1}^{M} \sum_{i=n'+1}^{n} \ln[\psi_\mu g_\mu(x_{(k)}, \xi, \sigma)] - n' \sum_{j=1}^{M} P_{\varepsilon,\lambda}(\pi_j) \quad (4\text{-}7)
\end{aligned}
$$

其中 $q(\gamma_j \mid x_{(k)}, \varphi^{(k)})$ 是观测值 $x_{(k)}$ $(i = 1, \cdots, n')$ 来自第 j 个分量分布的概率

$$q(\gamma_j \mid x_{(k)}, \varphi^{(k)}) = \frac{\pi_j^{(k)} [(1 - \psi_\mu) f(x_{(k)}; l, \mu, \gamma_j, \theta)]}{\sum\limits_{j=1}^{M} \pi_j^{(k)} [(1 - \psi_\mu) f(x_{(k)}; l, \mu, \gamma_j, \theta)]}$$

M-step：式(4-7)是权重参数 $\pi_j (j = 1, \cdots, M)$ 和尺度参数 θ 的函数，求式(4-7)的极大估计，即

$$\hat{\varphi}^{(k+1)} = \mathrm{argmax}_{\varphi \in \Phi} Q(\varphi \mid \varphi^{(k)}) =$$

$$\mathrm{argmax}_{\varphi \in \Phi} \Big\{ \sum_{j=1}^{M} \sum_{i=1}^{n'} q(\gamma_j \mid x_{(k)}, \varphi^{(k)}) \ln (\pi_j) + \sum_{j=1}^{M} \sum_{i=1}^{n'} q(\gamma_j \mid x_{(k)}, \varphi^{(k)})$$

$$[\ln (1 - \psi_\mu) - x_{(k)}/\theta - \gamma_j \ln (\theta) - \ln (F(\mu; \gamma_j, \theta) - F(l; \gamma_j, \theta))]$$

$$+ \sum_{i=n'+1}^{n} \sum_{j=1}^{M} [\ln (\psi_\mu) + \ln g_\mu(x_{(k)}; \xi, \sigma)] - n' \sum_{j=1}^{M} P_{\varepsilon, \lambda}(\pi_j) \Big\}$$

权重参数 π_j 的第 $(k + 1)$ 次迭代的估计为

$$\hat{\pi}_j^{(k+1)} = \bar{q}_j^{(k)} I(\bar{q}_j^{(k)} > a\lambda) + \frac{M}{\lambda} (\bar{q}_j^{(k)} - \lambda)_+ I(\bar{q}_j^{(k)} \leqslant a\lambda) \qquad (4\text{-}8)$$

其中 $\bar{q}_j^{(k)} \triangleq \dfrac{\sum\limits_{i=1}^{n'} q(\gamma_j \mid x_{(k)}, \varphi^{(k)})}{n'}$。

尺度参数 θ 的第 $(k + 1)$ 次迭代的估计

$$\hat{\theta}^{(k+1)} = \frac{\dfrac{1}{n'} \sum\limits_{i=1}^{n'} x_{(k)} - t^{(k)}}{\sum\limits_{j=1}^{M} \gamma_j \bar{q}_j^{(k)}}$$

其中

$$t^{(k)} = \sum_{j=1}^{M} \bar{q}_j^{(k)} \frac{l^{\gamma_j} e^{-l/\theta} - \mu^{\gamma_j} e^{-\mu/\theta}}{\theta^{\gamma_j - 1} (\gamma_j - 1)! [F(\mu; \gamma_j, \theta) - F(l; \gamma_j, \theta)]} \Bigg|_{\theta = \theta^{(k)}}$$

推导过程类似于 Verbelen et al.(2015)的过程，只是本章增加了 iSCAD 函数。

迭代过程一直持续到 $|Q(\varphi^{(k)}) - Q(\varphi^{(k-1)})|$ 小于某个既定的误差界。分别以 $\hat{\pi} = \{\hat{\pi}_j \mid \hat{\pi}_j \neq 0, j = 1, \cdots, M\}$ 和 $\hat{\theta}$ 表示 EM 迭代的最终结果。混合模型序的估计是

$$\hat{m} = \#\{\hat{\pi}_j \mid \hat{\pi}_j \neq 0, j = 1, \cdots, M\}$$

为便于说明，重新将 $\hat{\gamma} = \{\gamma_j \mid \hat{\pi}_j \neq 0, j = 1, \cdots, M\}$ 表示为 $\hat{\gamma} = (\hat{\gamma}_1, \cdots, \hat{\gamma}_{\hat{m}})$，对应的权重参数记为 $\hat{\pi} = (\hat{\pi}_1, \cdots, \hat{\pi}_{\hat{m}})$。原权重参数的估计记

为 $\hat{\alpha} = (\hat{\alpha}_1, \cdots, \hat{\alpha}_{\hat{m}})$，由式(4-2)可得

$$\hat{\alpha}_j = c \frac{\hat{\pi}_j}{F(\mu; \hat{\gamma}_j, \hat{\theta}) - F(l; \hat{\gamma}_j, \hat{\theta})}$$

其中 c 是常数，选择合适的 c 进行标准化，满足 $\sum\limits_{j=1}^{\hat{m}} \hat{\alpha}_j = 1$。

关于广义帕累托分布(GPD)的尺度参数 σ 和形状参数 ξ 的近似极大似然估计,Coles (2001)已经详细讨论过,本章就不再作重复说明。

第三节 模拟实验

为验证模型和 EM 算法的有效性,本章给出一个模拟实验,从密度函数式(4-3)中随机抽取了 2 500 个随机数,其中式(4-3)中的所有参数见表 4-1 中的真实参数。

事先给定 $M = 10$, 形状参数的备择范围即 $\gamma = (1, \cdots, 10)$, 以 Tijms (2003)的方法初始化,式(4-7)给出极大惩罚似然的权重参数估计,其稀疏性实现了在形状参数备择范围 $\gamma = (1, \cdots, 10)$ 中进行合理选择。从表 4-1 可以看出,形状参数最终仅选中 $\hat{\gamma} = (2, 7)$, 仅这两个形状参数对应的权重参数估计为非零的,即 $(\hat{\alpha}_2, \hat{\alpha}_7) = (0.501, 0.499)$, 其他形状参数相应的权重参数估计均为零,即 $\hat{\alpha}_j = 0, j = 1, 3, 4, 5, 6, 8, 9, 10$。显然,混合模型序的估计 $\hat{m} = 2$。由此可以看出,引入 iSCAD 惩罚的优势所在:通过对权重参数的估计,同时实现了对形状参数的估计和混合模型序的估计。表 4-1 列出的所有参数估计值与真实值都很接近,说明模型和 EM 算法都有效,能够反映出数据的特征。图 4-1 很好地反映了这一点,图中的真实曲线和拟合曲线几乎是重合的。

表 4-1　参数的真实值与估计值

-	m	γ	θ	α	μ	σ	ξ	ψ_μ
真实参数	2	(2, 7)	1	(0.5, 0.5)	10	3	0.4	0.1
估计参数	2	(2, 7)	1.013 5	(0.501, 0.499)	10.571	3.014 2	0.466	0.083

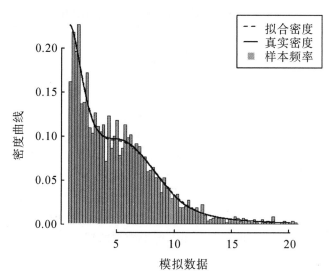

图 4-1　模拟数据的直方图、真实曲线与拟合曲线

第四节　实际数据的应用

丹麦火灾赔偿数据有 2 167 个观测值,Embrechts et al.(2013)和 Mendes et al.(2004)等都用极值理论研究过这组数据的尾部,本章采用 Erlang 极值混合模型从总体上研究这组数据,不再仅仅局限于研究其尾部特征。

Yin 和 Lin(2016)讨论了带左截断点 l 的 Erlang 混合模型,本章在其基础上提出了 Erlang 极值混合模型,在本例中将利用这两种不同的模型分别拟合丹麦火灾赔偿数据,比较两种模型的表现。

表 4-2 给出 Erlang 混合模型和 Erlang 极值混合模型式(4-3)拟合火灾损失数据得到的所有参数的估计值,其中利用 Erlang 极值混合模型得到的结果说明拟合数据的主体部分采用了三个 Erlang 分布,数据的尾部由广义帕累托分布来拟合,两部分的阈值点为 4.174,尾部数据比例为 0.152;而利用 Erlang 混合模型拟合同一组火灾数据则需要 10 个不同的 Erlang 分布的混合。

表 4-2 Erlang 极值混合模型的参数估计值

表 4-2 Erlang 极值混合模型的参数估计值

参数估计	m	γ	θ	α	μ	σ	ξ	ψ
Erlang 混合分布	10	(2, 3, 9,15, 25, 35, 45, 55, 65, 75)	0.48	(0.168,0.596, 0.134,0.05, 0.022, 0.011, 0.01,0.004, 0.004,0.002)				
Erlang 极值 混合分布	3	(2, 3, 9)	0.487	(0.679, 0.224, 0.097)	4.174	3.068	0.661	0.152

图 4-2 和图 4-3 分别给出 Erlang 混合模型和 Erlang 极值混合模型的 Q-Q 图，显然 Erlang 极值混合分布在尾部数据的拟合上更优。

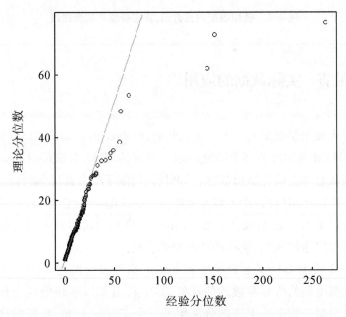

图 4-2 Erlang 混合分布的 Q-Q 图

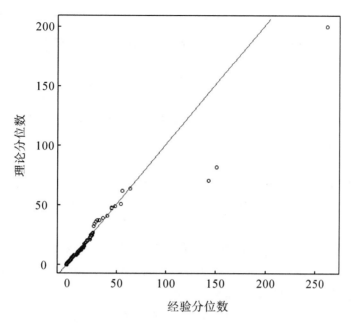

图 4-3　Erlang 极值混合分布的 Q-Q 图

图 4-4 是丹麦火灾数据的直方图、Erlang 混合模型和 Erlang 极值混合模型的拟合曲线，可以看出主体拟合效果都不错。

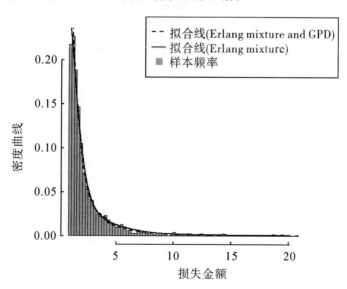

图 4-4　丹麦火灾数据的直方图、Erlang 混合模型与 Erlang 极值混合模型的拟合曲线

表 4-3 给出三种方法的 VaR_p 估计值，表 4-3 可以看出，Erlang 极限混合模型估计得到的 VaR_p 与非参数法得到的 VaR_p 非常接近，估计效果很好。

表 4-3　非参数法、Erlang 混合模型与 Erlang 极值混合模型的 VaR_p

VaR_p	$p = 0.2$	$p = 0.15$	$p = 0.1$	$p = 0.05$	$p = 0.01$
非参数法	3.478 227	4.259 546	5.541 526	9.972 647	26.042 526
Erlang 混合分布	3.763 277	4.702 897	6.246 157	10.398 645	24.645 42
Erlang 极值混合分布	3.490 014	4.220 99	5.661 758	9.223 786	27.616 87

表 4-4 给出非参数法、Erlang 混合模型和 Erlang 极值混合模型的 TVaR_p 估计值，Erlang 混合模型的 TVaR_p 比非参数法的结果偏小，这主要是因为 Erlang 混合模型对火灾损失数据的尾部拟合不足，见图 4-2；但是 Erlang 极值混合模型的结果稍大，而且越到尾部，这种趋势越明显，这主要是因为估计得到的 $\hat{\xi} = 0.661 > 0$，即估计的极值分布为厚尾的，而实际数据的尾部过于稀疏，不足以表现这种厚尾性。表 4-3 和表 4-4 中 VaR_p 和 TVaR_p 的非参数法的计算在第三章中已经给出，此处不再重复说明。

表 4-4　非参数法、Erlang 混合模型与 Erlang 极值混合模型的 TVaR_p

TVaR_p	$p = 0.2$	$p = 0.15$	$p = 0.1$	$p = 0.05$	$p = 0.01$
非参数法	9.976 278	11.906 35	15.898 04	23.316 77	63.582 7
Erlang 混合分布	9.064 751	10.686 36	13.330 43	18.837 7	30.791
Erlang 极值混合分布	10.015 11	13.365 98	17.618 56	28.132 27	82.421 43

附录 A Erlang 极值混合模型 R 代码

```
##################################################################
## left truncated Erlang mixture with iSCAD penalty(GPD)
##################################################################
## Log likelihood of sample

erlang.loglikelihood <- function( x, shape, t, u, theta, pi) {
    x.densities <- outer( x, shape, dgamma, scale=theta)
    coe <- pi/( pgamma( u, shape, scale=theta) -pgamma( t, shape, scale=theta) )
    x.components <- sweep( x.densities, 2, coe, FUN=" * ")
    likelihood.contribution <- rowSums( x.components)
    loglikelihood.contribution <- ifelse( likelihood.contribution>0,
                                    log( likelihood.contribution) , -1000)
    erlang.loglikelihood <- sum( loglikelihood.contribution)
    return( erlang.loglikelihood)
}


## modified SCAD function

penalty<-function( lambda, pi) {
    varepsilon=lambda^1.5
    m=length( pi)
    a=m/( m-lambda)      # the only value of paramter a
    pi[ is.na( pi) ]=1/m
    pen=vector( )
    for( j in 1:m) {
        pen[ j]<-ifelse( pi[ j]>a * lambda, lambda * ( log( ( a * lambda+varepsilon)/
varepsilon) +a^2 * lambda^2/2-a * lambda/( a * lambda+varepsilon) )
                        , lambda * ( log( ( pi[ j]+varepsilon)/varepsilon) -pi[ j]^2/2+
( a * lambda-1/( a * lambda+varepsilon) ) * pi[ j]) )
    }
    penalty<-sum( pen)
    penalty
```

```
}

##plot of iSCAD

iSCAD.plot<-function(lambda,lower,upper){
pi <- seq(lower,upper,by=(upper-lower)/5000)
iSCAD<-c()
for(i in 1:5001){
  iSCAD[i]<-penalty(lambda,pi[i])
}

plot(pi,iSCAD,"l")
lines(pi,iSCAD)
}

## Upper incomplete gamma function

uppergamma <- function(x, a){
  uppergamma <- pgamma(x,a,lower=FALSE) * gamma(a)
  return(uppergamma)
}

## A component in the EM recursive procedure

component <- function(t,u, theta, shape){
  component <- numeric(length(shape))
  for (i in 1:length(shape)){
    if (shape[i]>70){
      component[i] = 0
    }
    else component[i]<-(t^shape[i] * exp(-t/theta)-u^shape[i] * exp(-u/
theta))/theta^(shape[i]-1)/(uppergamma(t/theta,shape[i])-uppergamma(u/
theta,shape[i]))
  }
  return(component)
}
```

loglikelihood function with modified SCAD penalty

```
erlang.ploglikelihood<-function( x, shape, t, u,theta, pi, b){
  n<-length( x)
  lambda<-b/n^0.5    # the order of the parameter lambda
  ploglikelihood < - erlang. loglikelihood ( x, shape, t,u, theta, pi) - n * penalty
( lambda, pi)
  list( ploglikelihood = ploglikelihood , lambda = lambda)


}
```

E-step: z_{ij}^{k} from kth iteration

```
erlang.z <-function( x, shape, t, u,theta, pi){
  x.densities <- outer( x,shape,dgamma,scale=theta)
  coe <- pi/( pgamma( u,shape,scale=theta) -pgamma( t,shape,scale=theta))
  x.components <- sweep( x.densities,2,coe,FUN=" * ")
  z <- sweep( x.components, 1, rowSums( x.components), FUN="/")
  # in case all z_{ij}^{k} for j=1,...,M are numerically 0
  z[ is.nan( z) ] = 1/length( shape)
  return( z)
}
```

E-M alogrithm with modified SCAD penalty(程序的最后一组是最优的)

```
erlang.em2<-function( x, shape, t,u, theta, pi, b, eps, print=TRUE){
  n <- length( x)
  iteration <- 0
  m<-length( pi)
  temp<-erlang.ploglikelihood( x, shape, t,u, theta, pi,   b)
  ploglikelihood <-temp $ ploglikelihood
  loglikelihood<-erlang.loglikelihood( x,shape,t,u,theta,pi)
  lambda <- temp $ lambda
  a<-m/( m-lambda)
  old.ploglikelihood <- -Inf
```

```
history.ploglikelihood <- ploglikelihood
shape1<-c( )
pi1<-c( )
while( ploglikelihood - old.ploglikelihood > eps) {
    old.ploglikelihood <- ploglikelihood
    if( print) cat ( " ploglikelihood = " , ploglikelihood , " loglikelihood = " , loglikeli-
hood ,"shape = " , shape , " \n" , "theta = " , theta , "pi = " , pi , "\n" )
    shape1<-shape[ pi>0]
    m1<-length( shape1)
    pi1<-pi[ pi>0]
    theta1<-theta
    ploglikelihood1<-ploglikelihood
    loglikelihood1<-loglikelihood
    history.ploglikelihood <- c( history.ploglikelihood , ploglikelihood)
    iteration <- iteration + 1
    # E step
    z <- erlang.z( x ,shape ,t ,u ,theta ,pi)
    # M step
    temppi<-c( )
    temppi <- colSums( z)/n
    m<-length( temppi)
    a<-m/( m-lambda)
    for( i in 1 :m) {
        help1 <-m * max( temppi[ i] - lambda ,0)/lambda
        pi[ i]<- help1 * ( temppi[ i] <=a * lambda) + temppi[ i] * ( temppi[ i] >
a * lambda)
    }
    pi<-pi/sum( pi)
    comp <- component( t ,u , theta , shape)
    theta <- ( sum( x) -sum( sweep( z ,2 ,comp ,FUN =" * " )))/n/sum( temppi *
shape)

    ploglikelihood <- erlang.ploglikelihood( x , shape , t ,u , theta , pi , b) $ ploglikeli-
hood
    loglikelihood<-erlang.loglikelihood( x ,shape ,t ,u ,theta ,pi)
}
list( shape =shape1 ,m =m1 , pi =pi1 ,theta =theta1 , ploglikelihood =ploglikelihood1 ,
```

```
       loglikelihood = loglikelihood1, history.ploglikelihood = history.ploglikelihood,
              iteration = iteration, lambda = lambda,
              AIC = -2 * loglikelihood1 + 2 * ( 2 * m1 + 1) ,
              BIC = -2 * loglikelihood1 + ( 2 * m1 + 1) * log( length( x) ) )
}


## initial valve: equal diference d( with last part)

erlang.initiald <-function( x, M,d) {
    theta <- max( x)/M
    shape <- seq( 1,M,d)

    M1 <-length( shape)
    pi <- rep( NA,M1)
    for ( i in 1:( M1-1) ) {
        pi[ i] <- sum( x < shape[ i+1] * theta & x >= shape[ i] * theta)
    }

    pi[ M1] <-sum( x <= max( x) & x >= shape[ M1] * theta)
    shape <-shape[ pi>0]
    pi <-pi[ pi>0]
    pi <-pi/sum( pi)

    list( theta = theta, shape = shape, pi = pi)
}


####################

erlanggpd.em <-function( data, t, b, eps, print = TRUE) {
    n <-length( data)
    K <-ceiling( n/4)
    his.llf <-c( )
    for( k in 200:205) {
        tempthreshold <-data[ n-k+1]
        tempgpd <-gpd.fit( data,tempthreshold)
        rate <-tempgpd $ rate
        tempdata <-data[ data <= tempthreshold]
```

```
    initial<-erlang.initiald(tempdata,10,2)
    temphead < - erlang. em2 ( tempdata, initial $ shape, t, tempthreshold, initial
$ theta, initial $ pi, b, eps, print=TRUE)
    templlf<-( n-k) * log ( 1-rate) +temphead $ ploglikelihood+k * log ( rate) -
tempgpd $ nllh
    his.llf<-c(his.llf,templlf)
  }
  optk<-which(his.llf==his.llf[ which.max(his.llf) ],arr.ind=T)+199
  threshold<-data[ n-optk[ 1 ]+1 ]
  gpd<-gpd.fit(data,threshold)
  rate<-gpd $ rate
  ldata<-data[ data<=threshold ]
  init<-erlang.initiald(ldata,10,2)
  head<-erlang.em2( ldata, init $ shape, t,threshold, init $ theta, init $ pi, b, eps,
print=TRUE)
  llf<-( n-optk) * log (1-rate) +head $ ploglikelihood+optk * log( rate) -gpd $ nllh
  list( llf=llf,optk=optk,threshold=threshold,gpd=gpd,head=head)
}


## Mixture of two side-truncated Erlang density function

lt.erlang.density <- function( x, theta, shape, t, u, pi) {
  x.densities <- outer( x,shape,dgamma,scale=theta)
  coe <- pi/( pgamma( u,shape,scale=theta) -pgamma( t,shape,scale=theta) )
  x.components <- sweep( x.densities,2,coe,FUN=" * " )
  rowSums( x.components)
}


lt.erlang.densityXX <- function( x, theta, shape, t, pi) {
  x.densities <- outer( x,shape,dgamma,scale=theta)
  coe <- pi/( 1-pgamma( t,shape,scale=theta) )
  x.components <- sweep( x.densities,2,coe,FUN=" * " )
  rowSums( x.components)
}
## Plot mixture of GPD-Erlangs and histogram of left-truncated data

lt.erlang.plot.datan<-function( x, t, u, shape, alpha, theta,scale,shapepara,rate, ti-
```

精算异质性问题研究:基于混合模型的视角

```
tlename, nbins = 80,
                                    lower,
                                    upper, xlab = " ",
                                    legend = TRUE, lwd = 2,...) {
    temp <- seq(lower,upper,by = (upper-lower)/10000)
    left<-temp[temp<=u]
    y <- (1-rate) * lt.erlang.density(left, theta, shape, t, u, alpha)
    right<-temp[temp>u]
    y<-c(y,rate * dgpd(right,u,scale,shapepara))
    truehist(x, h = (upper-lower)/nbins, xlim=c(lower,upper), xlab=xlab,...)
    lines(temp,y,col=" red" ,lwd=lwd)
    if(legend) {
        legend('topright ',legend=c(" Fitted Density" ," Observed Relative Freq"),
                col=c(" red" ," cyan") ,pch=c(NA,15) ,pt.cex=2,lty=c(19,NA) ,lwd
=c(lwd,NA))
    }
    title(titlename)
}


## the true density and estimated density line, histogram of left-truncated data
lt.erlang.plot.datapare<-function(x, t, shape,shape0, pi,pi0, theta,theta0, u,u0,
                                    scale, scale0, shapepara, shapepara0, rate,
rate0,titlename, nbins,
                                    lower,
                                    upper, xlab = " ",
                                    legend = TRUE, lwd = 2,...) {
    temp <- seq(lower,upper,by = (upper-lower)/10000)
    left<-temp[temp<=u]
    y <- (1-rate) * lt.erlang.density(left, theta, shape, t, u, pi)
    right<-temp[temp>u]
    y<-c(y,rate * dgpd(right,u,scale,shapepara))
    left0<-temp[temp<=u0]
    z <- (1-rate0) * lt.erlang.density(left0, theta0, shape0, t, u0, pi0)
    right0<-temp[temp>u0]
    z<-c(z,rate0 * dgpd(right0,u0,scale0,shapepara0))
    truehist(x, h = (upper-lower)/nbins, xlim=c(lower,upper), xlab=xlab,...)
    lines(temp,y,col=" red" ,lwd=lwd)
```

```
    lines( temp, z, col = " blue" , lwd = lwd )
    if( legend ) {
        legend( 'topright ', legend = c ( " fitted density" , " true density" , " Observed Relative
Freq" ) ,
                    col = c ( " red" , " blue" , " cyan" ) , pch = c ( NA, NA, 15 ) , pt.cex = 2, lty = c
( 19, 19, NA ) , lwd = c( lwd, lwd, NA ) )
    }
    title( titlename )


}


## the true density and estimated density line, histogram of left-truncated data
lt.erlang.plot.dataparexx<-function( x, t, shape, shape0, pi, pi0, theta, theta0, u,
                            scale, shapepara, rate, titlename, nbins,
                            lower,
                            upper, xlab = " " ,
                            legend = TRUE, lwd = 2, ...) {
    temp <- seq( lower, upper, by = ( upper-lower )/10000 )
    left<-temp[ temp<=u ]
    y <- ( 1-rate ) * lt.erlang.density( left, theta, shape, t, u, pi )
    right<-temp[ temp>u ]
    y<-c( y, rate * dgpd( right, u, scale, shapepara ) )
    z<-lt.erlang.densityXX( temp, theta0, shape0, t, pi0 )
    truehist( x, h = ( upper-lower )/nbins, xlim = c( lower, upper ) , xlab = xlab, ...)
    lines( temp, y, col = " red" , lwd = lwd )
    lines( temp, z, col = " blue" , lwd = lwd )
    if( legend ) {
        legend( 'topright ', legend = c ( " fitted density with Erlang mixture and GPD" , " fitted
density with Erlang mixture" , " Observed Relative Freq" ) ,
                col = c ( " red" , " blue" , " cyan" ) , pch = c ( NA, NA, 15 ) , pt.cex = 2, lty = c
( 19, 19, NA ) , lwd = c( lwd, lwd, NA ) )
    }
    title( titlename )


}
## Solve for alpha
fit.alpha2 <- function( pi, shape, theta, t, threshold ) {
```

精算异质性问题研究:基于混合模型的视角

```
    c <- pgamma( threshold, shape, scale = theta) -pgamma( t, shape, scale = theta)
    alpha <- pi/c/sum( pi/c)
    return( alpha)
}



## Generate n random numbers from left-truncated Erlang mixtures
rltErlangmix<-function( n, t, threshold, shape, pi, theta) {
    alpha<-fit.alpha2( pi, shape, theta, t, threshold)
    count <- 0
    randnum <- numeric( n)
    while ( count < n) {
        data <- rgamma( 1, shape = sample( shape, size = 1, replace = TRUE, prob = al-
pha), scale = theta)
        if ( data>t&data< = threshold) {
            count <- count + 1
            randnum[ count] = data
        }
    }


    randnum
}


##random number n from Erlang and GPD mixture

rErlanggpdmix<-function( n, t, threshold, shape, pi, theta, scale, shapepara, rate) {
    random<-numeric( n)
    k<-ceiling( rate * n)
    y <- rltErlangmix( n-k, t, threshold, shape, pi, theta)
    random<-c( y, rgpd( k, threshold, scale, shapepara))
}

## Mixture of left-truncated Erlang CDF

erlanggpd.cdf <- function( x, theta, shape, t, threshold, pi, scale, shapepara) {
    data1<-x[ x< = threshold]
    t.vec <- rep( t, length( data1))
```

```
    x.cdfs <- outer( data1, shape, pgamma, scale = theta) -outer( t.vec, shape, pgamma,
scale = theta)
    coe <- pi/( pgamma( threshold, shape, scale = theta) -pgamma( t, shape, scale = the-
ta) )
    x.components <- sweep( x.cdfs,2,coe,FUN = " * ")
    leftcdf<-rowSums( x.components)
    data2<-x[ x>threshold]
    c( leftcdf,pgpd( data2,threshold,scale,shapepara) )


}
```

P-P plot for left-truncated data VS fitted left-truncated Erlang mixtures

```
erlanggpd.pp_plot <- function( data, t, shape, pi, theta,threshold,scale,shapepara,
mainlabel, xlabel, ylabel) {
    y <- erlanggpd.cdf( data,theta,shape,t,threshold,pi,scale,shapepara)
    plot( ppoints( length( data) ),sort( y),main = mainlabel,xlab = xlabel,ylab = ylabel,
type = "l",lwd = 2)
    abline( 0,1,col = "red",lwd = 1.5)
}
```

Q-Q plot for left-truncated data VS fitted left-truncated Erlang mixtures
```
erlang.qq_plot <- function( data, t,shape, pi, theta,threshold,scale,shapepara,rate,
mainlabel, xlabel, ylabel) {
    k<-ceiling( rate * length( data) )
    y <- rltErlangmix( length( data) -k,t,threshold,shape,pi,theta)
    fittednum<-c( y,rgpd( k,threshold,scale,shapepara) )
    empirinum <- data
    qqplot( empirinum,fittednum,main = mainlabel,xlab = xlabel,ylab = ylabel)
    abline( 0,1,col = "red")
}
```

VaR：

```
VaR<-function( x, t, shape, alpha, theta, threshold,sigma,xi, rate) {
    a<-c( )
```

```r
J<-length(shape)
for(j in 1:J){
   a<-c(a,rep(1, shape[j]),rep(0, shape[J]- shape[j]))
}
coe<-matrix(a, nrow= shape[J], ncol=J, byrow=FALSE)
Q11<- coe%*%alpha
if(x<=threshold){
dis<-dgamma(x, c(1:shape[J]), scale=theta)-dgamma(threshold, c(1:shape
[J]), scale=theta)

res<- rate+(1-rate)*(theta)*sum(Q11*dis)/(sum(alpha*pgamma
(threshold, shape, scale=theta))-sum(alpha*pgamma(t, shape, scale=theta)))
}
else{
res<-rate*pgpd(x, threshold,sigma,xi,lower.tail=FALSE)
}

list(res=res)

}


###
TVaR<-function(shape, alpha, theta, VaR, threshold, p, rate, sigma, xi){
   J<-length(shape)
   a<-c()
   J<-length(shape)
   for(j in 1:J){
      a<-c(a, shape[j]:1,rep(0, shape[J]-shape[j]))
   }
   coe<-matrix(a, nrow=shape[J],ncol=J, byrow=FALSE)

   Q11<- coe%*%alpha

   if(VaR<=threshold){
      dis<-dgamma(VaR,c(1: shape[J]), scale= theta)-dgamma(threshold,c(1:
shape[J]),scale=theta)
```

```
    cult<-1-sum( alpha * pgamma( threshold , shape , scale = theta ) )

    culv<-1-sum( alpha * pgamma( VaR , shape , scale = theta ) )

    dis2 <- sum ( alpha * pgamma ( threshold , shape , scale = theta ) ) - sum ( alpha *
pgamma( VaR , shape , scale = theta ) )
    a<-( theta )^2 * sum( Q11 * dis )
    b<-( threshold * cult-VaR * culv )
    res1<-( a-b )/dis2
    res2<-threshold+sigma/( 1-xi )
    res<-( ( p-rate ) * res1+res2 * rate )/p
  }
  else {
    last<-( sigma+VaR-threshold * xi )/( 1-xi )
  }
  list( Q11 = Q11 , a = a , b = b , dis2 = dis2 , dis = dis , cult = cult , culv = culv , res1 = res1 ,
res2 = res2 , res = res , mean = mean )
```

第五章 开放式混合泊松模型及其应用

索赔次数是保单费率厘定的重要指标。由于标的物风险的差异,以及奖惩系统的影响,使得索赔次数存在零膨胀、厚尾性和异质性等多种特征。因此本章建立风险类别待定的开放式混合泊松模型,开放式结构使该模型对实际数据的多样特征和风险类别具有良好的自适应性。第一节梳理了关于索赔次数研究的文献;第二节基于数据特征,建立了开放式混合泊松模型;第三节借助 EM 算法求得模型参数,实现对各风险类别下索赔次数的估计,借助 iSCAD 惩罚函数,给出最优混合序,避免传统混合模型中主观选择的弊端,克服传统混合模型中结构复杂、参数估计没有显式表达式、估计结果不便于解释等问题;第四节基于三组风险特征多样数据的实证分析,得出该模型可以显著改进现有模型的拟合效果。

第一节 引言

作为非寿险费率厘定的重要组成部分,损失次数的预测对于保险公司的纯保费的厘定、未决准备金的提取等具有重要的理论与现实意义,是保障保险公司进行精准定价,维持高效、健康、安全运营的基本前提;同时,次数的预测问题在其他科学领域也有着广泛的应用空间,譬如在医学中通过观测样本中康复个体的数量,用于检验药物的有效性。

对索赔次数的建模一般采用传统分布,如 $(a,b,0)$ 型中的泊松(Poisson)分布、二项分布、负二项(Negative Binomial, NB)分布、几何分布等。在实务中,由于多风险因素的影响,索赔次数往往呈现过度分散特征

(即数据的方差大于期望)。MulaHy(1997)指出数据中可能存在未被观测到的异质性,这些异质性通常被认为是计数数据模型中过度分散的主要来源。处理异质性的主要方法是混合模型,因为混合模型在兼具多个分布特性的同时,又具备单个分布所不具有的性质,是研究异质性索赔次数建模的重要突破口。常用混合泊松模型是因为泊松分布的平均值被认为是具有适当概率结构的随机变量,如负二项(Negative Binomial)分布就是假设泊松分布的平均值服从伽玛分布时产生的混合泊松分布,其适用于异质性数据的分析,但对数据的厚尾特征拟合不足。

为弥足这一不足,一系列的混合负二项分布被相继提出,如负二项-指数分布、负二项-帕累托分布、负二项-伽玛分布、负二项-逆高斯分布、负二项-林德利分布、负二项-贝塔指数分布和负二项-广义指数分布(Aryuyuen et al., 2013)分布,以及混合泊松-几何分布(毛泽春 等,2008)等。这些分布的出现在一定程度上解决了兼具异质性和厚尾性数据的拟合问题,但这类模型存在结构复杂、参数不易估计和缺乏直观意义的解释等问题。如 Aryuyuen 和 Bodhisuwan(2013)引入广义指数(Generalized-Exponential)分布,基于 NB 分布的概率参数 p,定义 $p = \exp(-\eta)$,$\eta \sim GE(\alpha, \beta)$,建立 NB-GE 分布,改进了 NB 分布在厚尾数据尾部拟合不足的问题。但由两次混合生成的 NB-GE 分布结构复杂,参数估计和累积概率函数都没有显式表达式,参数缺乏直观意义上的解释,这些问题极大限制了 NB-GE 分布的应用范围。

由于受免赔额和无索赔优待制度的影响,大量低损失保单没有提出索赔,使得索赔次数为零的保单数被放大,这类特征通常称为零膨胀特征。零膨胀是造成数据存在过度分散特征的另一重要因素。为拟合这类具有零膨胀特征的索赔次数数据,往往采用调整或修正后的 $(a, b, 1)$ 型分布,如零调整泊松、零调整二项、零调整负二项、零调整几何,或其他考虑零膨胀的广义泊松(Generalized-Poisson,G-P)分布(Joe et al., 2005)和 P-G 分布,以及基于回归结构的零膨胀泊松回归模型、零膨胀负二项回归模型、零膨胀 P 型负二项回归模型;孟生旺和杨亮(2015)建立随机效应零膨胀回归模型,并给出考虑零膨胀模型比较全面的总结和比较。

为充分挖掘数据过度分散的原因,基于回归结构的计数模型是一种重要的方法。在保险实务中,很多索赔数据具有大量相关数据信息,例如车险索赔数据记录中的车主年龄、车龄、汽车品牌、汽车油耗类型、发动机功率和投保人居住区人口密度等,这些信息被作为回归模型中的解释变量,索赔次数的均值或分位数作为被解释变量,建立了一系列索赔次数回归模型。根据被解释变量的不同主要分为均值回归模型和分位回归模型,其中,分位回归模型通过对离散型索赔次数增加随机扰动项,将其转化为连续型数据,进而建立分位回归模型,最后通过平均化处理消除随机扰动所带来的影响(杨亮和孟生旺,2017)。杨亮和孟生旺(2017)建立了零膨胀索赔次数的贝叶斯分位回归模型,解决了次数分位回归中分位数水平人为给定,以及次数数据中的零膨胀问题。除分位回归模型,基于均值回归的索赔次数回归模型是计数模型的重要研究方向。均值回归模型考虑对索赔频率的期望进行预测,例如假设索赔次数服从泊松分布时建立的泊松均值回归模型。均值回归模型由于其假设分布的多样性,使得索赔次数数据的零膨胀、厚尾性和异质性等特征得到充分刻画。如考虑异质性特征的负二项回归模型、P 型负二项回归模型、广义泊松回归模型、泊松逆高斯回归模型等;考虑零膨胀特征的零膨胀泊松回归模型、零膨胀负二项回归模型、零膨胀 P 型负二项回归模型、零膨胀广义泊松回归(Famoye et al.,2006)、零膨胀泊松-逆高斯回归(Shoukri et al.,2004)、零调整随机效应次数模型(孟生旺 等,2015)等。这些研究针对不同特征,选择不同模型,但是却很难有模型能同时解决具有零膨胀、厚尾性和异质性等特征的数据拟合问题,而且由于回归结构的计数模型参数较多,呈现了基于解释变量不同水平产生的异质性,但是其中有些解释变量可能存在相关性,例如汽车品牌和车主年龄、发动机功率等,因此这类模型可能会存在过拟合问题。

为更好地建模具有零膨胀、厚尾性和异质性等特征的数据,本章建立基于泊松分布的开放式混合模型(Open Mixed Poisson,OMP),$P(N = k) = \sum_{i=1}^{M} a_m P(k;\lambda_m)$,其中 $P(k;\lambda_m)$ 为泊松分布,α_m 为权重参数,也可以看作泊松分布的均值变量服从离散分布 $P(\lambda = \lambda_m) = \alpha_m, m = 1, \cdots, M$。这与之前提及的混合泊松分布和混合负二项分布中参数变量一般引入伽玛分布、广义指数分布、逆高斯分布和林德利分布等连续分布有所不同。开放式混合模型对参数变量引入离散分布,其中不同的 λ_m 实现了不同特征的拟合,同时将保单组合中保单按索赔强度分为了 M 类,不同类别用于拟合数据的零膨胀、厚尾性和异质性等不同特征。以往文献中对混合数 M 是事先给定的,但是实务中保单索赔强度受车龄、汽车品牌、车主年龄等可观测因素以及车主驾驶习惯、驾驶环境等不可观测因素共同作用,使得数据的分类不可预先观测,也就是 M 实际是未知的。尤其对厚尾数据的拟合,混合数更加难以预评估(见本章实例分析中数据的混合数的确定)。因此,基于数据的多风险特征,本章首次提出一种混合序为开放式的 OMP 分布。

混合模型为充分考虑所有可能的特征,一般最初给定较多分布的混合,即给定一个较大的混合数 M,这造成数据的过拟合问题。为避免过拟合,同时保证拟合优度,出现了少量关于模型混合数确定的文献,Chen 和 Khalili(2008)在开放式混合正态模型中引入 SCAD 惩罚函数,通过合并均值相近的分布,将多余的分布删除,但该方法只适用于参数取值为连续区间的情况,且涉及参数分组等较为主观的问题,这在一定程度上限定了它的使用范围。鉴于模型中形状参数的取值是离散的,不适合采用 SCAD 惩罚函数,Lee 和 Lin(2010)和 Verbelen et al.(2015)在开放式混合 Erlang 分布中采用 BIC 来确定混合数以避免过拟合问题,但 BIC 在拟合过程中存在重复计算,尾部拟合不足,可能产生局部最优解等问题。本章作者和其导师曾在 Yin 和 Lin(2016)的文章中首次提出一种新的基于权重参数的 iSCAD(i-Smoothly Clipped Absolute Deviation)惩罚函数,将其应用于混合 Erlang 模型的混合序估计中,得到良好的参数估计和风险度量效果。拟合索赔次数多风险特征的 OMP 分布同样存在过拟合问题,本章将引入 iSCAD 惩罚函数,通过对混合权重的估计进行筛选,实现对混合数 M 的估计,达到在模型估计中既避免过拟合又保障拟合优度的目的。

本章采用 OMP 模型建模多风险赔付数据。首先,该模型结构简单,容易理解,有直观意义的解释,开放式的特点使该模型对实际数据具有良好的自适应性;其次,本章采用 iSCAD 惩罚函数估计混合数,这克服以往混合模型中人为选定混合数或采用 BIC 方法确定混合数的弊端;再次,本章采用 E-M 算法(Mclachlam et al.,2008)给出 OMP 模型的参数估计的显式表达式,使参数的估计更加稳健;最后,本章应用 OMP 模型,针对零膨胀、厚尾性和异质性等类型的数据进行实证研究,并与现有的几种方法进行比较,结果表明:OMP 模型可以显著改进现有模型的拟合效果,这检验了新方法的实际应用价值。

第二节　开放式混合泊松模型

一、模型的建立

由于投保人和标的物性质的不同,保单组合中保单的索赔次数一般具有风险多样性,根据保单索赔次数的强度不同,将保单组合中保单分为 M 类,其中 M 为未知数。以随机变量 U 表示类别,其概率分布函数为

$$P(U = \lambda_m) = \alpha_m, \quad m = 1, 2, \cdots, M$$

假设个体保单的索赔次数服从泊松分布,属于 m^{th} 类的个体保单具有相同的强度参数 λ_m,那么 m^{th} 类中个体保单的索赔次数分布为

$$P(N = k \mid U = \lambda_m) = \frac{\lambda_m^k e^{-\lambda_m}}{k!}, \; k = 0, 1, \cdots$$

从而保单组合中任一保单的索赔次数分布为

$$P(N = k) = \sum_{m=1}^{M} \alpha_m \frac{\lambda_m^k e^{-\lambda_m}}{k!}, \; k = 0, 1, \cdots \tag{5-1}$$

即分布函数由 M 个不同的泊松分布以权重参数 $\alpha = (\alpha_1, \cdots, \alpha_M)$ 加权而成;其中, $0 \leqslant \alpha_m \leqslant 1$, $\sum_{m=1}^{M} \alpha_m = 1$,这两个条件保证式(5-1)是一个有效的概率分布函数,即

$$(-)\ P(N = k) = \sum_{m=1}^{M} \alpha_m \frac{\lambda_m^k e^{-\lambda_m}}{k!} \geqslant 0;$$

$$(\vec{-})\ \sum_{k=0}^{\infty} P(N = k) = \sum_{m=1}^{M} \alpha_m \sum_{k=0}^{\infty} \frac{\lambda_m^k e^{-\lambda_m}}{k!} = \sum_{m=1}^{M} \alpha_m = 1_{\circ}$$

OMP 模型中的不同参数 λ_m 表示泊松分布的不同索赔发生强度。当保单存在风险多样性时,即当保单组合中保单的发生强度不尽统一时,以不同发生强度的泊松分布拟合不同类型的保单,尤其对零膨胀保单选择取值很小的强度参数,而索赔次数较多(即计数模型的尾部较长)的保单采用取值较大的强度参数。因此模型适用于存在零膨胀、厚尾性和异质性等特征的索赔数据的拟合。OMP 模型的简单结构保证其具有广泛的应用空间和直观的实际解释意义,同时其统计特征也容易被获得和理解。首先给出 OMP 模型的矩生成函数(Moment Generating Function, MGF):

$$M_N(t) = E(e^{tk}) = \sum_{k=0}^{\infty} e^{tk} P(N=k) = \sum_{m=1}^{M} \alpha_m e^{\lambda_m(e^t-1)} \qquad (5-2)$$

显然，OMP 分布的 MGF 与泊松分布的 MGF 之间保持了加权的结构，这使得原点矩的计算变得容易，且保持与泊松分布的原点矩之间的加权结构。OMP 分布的 k 阶原点矩为

$$k \text{ 阶原点矩}: E(N^k) = M_N^{(k)}(t)\big|_{t=0} = \sum_{m=1}^{M} \alpha_m E(N_m^k), k = 1, 2, \cdots$$

其中，$N_m \sim \text{Poi}(\lambda_m)$。基于原点矩的结果，OMP 模型的期望、方差、偏度和峰度等都很容易获得。

在保险实务中，经常需要研究保险组合的累积索赔次数，下面我们给出 OMP 模型的有限和封闭性的证明。

性质 5-1 假设 $N_1 \sim \text{OMP}(M_1, \alpha^I, \lambda^{II})$ 和 $N_2 \sim \text{OMP}(M_2, \alpha^I, \lambda^{II})$ 相互独立，那么其和 $N = N_1 + N_2$ 仍然是一个 OMP 模型：

$$P(N=k) = \sum_{m=1}^{M_1 \cdot M_2} \alpha_m \frac{\lambda_m^k e^{-\lambda_m}}{k!}, \ k = 0, 1, \cdots$$

其中，$\alpha^I = (\alpha_1^I, \cdots, \alpha_{M_1}^I)$，$\lambda^I = (\lambda_1^I, \cdots, \lambda_{M_1}^I)$，$\alpha^{II} = (\alpha_1^{II}, \cdots, \alpha_{M_2}^{II})$，$\lambda^{II} = (\lambda_1^{II}, \cdots, \lambda_{M_2}^{II})$，$\lambda_m = \lambda_i^I + \lambda_j^{II}$，$\alpha_m = \alpha_i^I \alpha_j^{II}$。

证明：由式（5-2）及 N_1 和 N_2 的独立性可得加和随机变量 N 的 MGF 为

$$M_{N_1+N_2}(t) = M_{N_1}(t) \cdot M_{N_2}(t)$$

$$= \left(\sum_{i=1}^{M_1} \alpha_i^I e^{\lambda_i^I(e^t-1)} \right) \left(\sum_{j=1}^{M_2} \alpha_j^{II} e^{\lambda_j^{II}(e^t-1)} \right)$$

$$= \sum_{i=1}^{M_1} \sum_{j=1}^{M_2} \alpha_i^I \alpha_j^{II} e^{\lambda_i^I(e^t-1)} e^{\lambda_j^{II}(e^t-1)}$$

$$= \sum_{m=1}^{M_1 \cdot M_2} \alpha_m e^{\lambda_m(e^t-1)}$$

显然，独立的 OMP 模型的和仍然服从 OMP 模型，即 OMP 模型既适用于个体保单索赔次数的拟合，又适用于保单组合的索赔次数拟合。

本章不考虑开放式混合 NB 分布，主要基于参数个数的考虑。NB 分布有两个未知参数，也就是采用 NB 分布将比泊松分布多出 M 个待估参数。本章实例分析中表 5-1、表 5-3 和表 5-5 结果显示 OMP 模型的拟合效果已经很好，考虑 NB 分布反而可能因为参数过多而造成卡方检验不通过或过拟合问题。

二、相关分布

为了便于模型的比较,本章给出一些常用于索赔次数拟合的分布:泊松分布、负二项分布、负二项-广义指数分布和零膨胀负二项回归模型。值得注意的是除泊松分布以外的其他分布都是基于泊松分布混合后得来的。其中泊松分布是计数模型最常用的分布,负二项分布是针对异质性数据常用的分布,负二项-广义指数分布是在异质性的基础上,考虑较长厚尾特征而形成的分布,其复合结构如下:

$$N \sim \mathrm{Pois}(\lambda) \,, \quad \lambda \sim \mathrm{Gamma}\left(\gamma, \frac{1-p}{p}\right) \,, \quad p = \exp(-\eta) \,, \quad \eta \sim \mathrm{GE}(\alpha, \beta)$$

$$(5-3)$$

另外,本章还选择杨亮和孟生旺(2017)文章中考虑风险分类和零膨胀特征的含平方项的零膨胀负二项回归模型(ZINB^+),该模型借助解释变量将风险进行分类。模型基于负二项分布得来,其多层结构如下,首先给出负二项分布的概率分布函数:

$$P_X(k) = \frac{\Gamma(k+\theta)}{\Gamma(\theta)k!} \cdot \frac{\mu^k \cdot \theta^\theta}{(\mu+\theta)^{k+\theta}}, \quad k = 0,1,2,\cdots$$

零膨胀负二项的分布为

$$P_Y(k) = \begin{cases} \pi + (1-\pi)P_X(0), & k = 0 \\ (1-\pi)P_X(k), & k = 1,2,\cdots \end{cases}$$

广义线性结构为

$$g(\mu_{ij}) = x_{ij}{}'\beta_1 + (x_{i*j}^2)'\beta_2 \tag{5-4}$$

其中,$\mu_{ij} = E(Y_{ij})$,Y_{ij} 表示第 i 保单的第 j 个被解释变量。为了反映连续型解释变量对索赔次数的非线性效应,对连续型变量引入平方项,其中 i^* 表示第 i 组连续型解释变量。显然这个模型的分层结构使似然函数结构比较复杂,文中借助拉普拉斯积分近似方法得出似然函数的近似表达式,然后借助数值算法求解参数的估计值,这些过程都产生一定的误差。式(5-4)说明回归模型借助解释变量将索赔次数分为了 $I_1 \times \cdots \times I_J$ 类,其中 J 为解释变量的个数,I_j 为第 j 个解释变量可能的水平数,当然不同解释变量的水平数可能不同。这些细致的分类可能使得模型参数过多,产生过拟合问题。

本章实例分析中,将这四种分布应用于可能具有零膨胀、厚尾性和异质特征的数据,比较它们与 OMP 模型在数据拟合中的表现。

第三节　参数估计

一、iSCAD 惩罚函数

混合模型中的待估参数包括三部分:混合序 M,混合权重参数 $\alpha = (\alpha_1,\cdots,\alpha_M)$,分量分布的所有参数 $\lambda = (\lambda_1,\cdots,\lambda_M)$,其中混合序 M 的估计是不可避免的。为给出 OMP 混合模型混合序 M 的估计,将引入 Yin 和 Lin (2016)提出的一种新的定义于混合权重参数的 iSCAD 惩罚函数,即

$$
\begin{aligned}
P_\kappa(\alpha_m) = {}& \kappa\left[\log\left(\frac{a\kappa+\varepsilon}{\varepsilon}\right) + \frac{a^2\kappa^2}{2} - \frac{a\kappa}{a\kappa+\varepsilon}\right] I(\alpha_m > a\kappa) \\
& + \kappa\left[\log\left(\frac{\alpha_m+\varepsilon}{\varepsilon}\right) - \frac{\alpha_m^2}{2} + \left(a\kappa - \frac{1}{a\kappa+\varepsilon}\right)\alpha_m\right] I(\alpha_m \leqslant a\kappa)
\end{aligned}
$$

$$(5-5)$$

其中 $I(\cdot)$ 是示性函数,参数 κ 是截断参数,见式(5-7)中的 $(\bar{q}_j^{(k)} - \kappa)_+$,即当权重参数估计值小于 κ 时,权重参数估值为 0,其相应的泊松分布也就被删去,所以这实现了在得出混合权重估计的同时,也得出混合序的估计。为保证估计量的一致性,假设参数 κ 是样本量 n 的函数,且满足当 $n \to \infty$ 时,有 $\kappa \to 0$ 且 $n\kappa \to \infty$;$\alpha = M/(M-\kappa)$ 保证权重估计量 $\hat{\alpha}_m$ 的无偏性以及关于样本 $y-(y_1,\cdots,y_n)$ 的连续性。参数 $\varepsilon > 0$,当 $n \to \infty$ 时,有 $\varepsilon \to 0$,其保证 $\log(\alpha_m + \varepsilon)$ 中 α_m 取值可以为零。

为了便于表述,本章将待估参数记为 $\varphi = (\lambda,\alpha)$。给定观测值 $y = (y_1,\cdots,y_n)$,OMP 模型的极大似然函数为

$$
L(\varphi \mid y) = \prod_{j=1}^n P(N = y_j) = \prod_{j=1}^n \sum_{m=1}^M \alpha_m \frac{\lambda_m^{y_j} e^{-\lambda_m}}{y_j!}
$$

其中的连加结构不利于直接求解极大似然估计,为解决这一问题,本章将引入 EM 算法进行参数估计。在 EM 算法中,首先引入示性变量:$Z = (Z_1,\cdots,Z_n)$,其中 $Z_j = (Z_{jm} \mid j = 1,\cdots,n, m = 1,\cdots,M)$

$$
Z_{jm} = \begin{cases} 1, & y_j \text{ 来自 } P(y_j;\lambda_m) \\ 0, & \text{其他} \end{cases}
$$

引入变量 $Z = (Z_1,\cdots,Z_n)$ 后,似然函数改写为

$$L(\varphi \mid y, Z) = \prod_{j=1}^{n} \prod_{m=1}^{M} \left(\alpha_m \frac{\lambda_m^{y_j} e^{-\lambda_m}}{y_j!} \right)^{Z_{jm}}$$

加入 iSCAD 惩罚函数,观测值 $y = (y_1, \cdots, y_n)$ 相应的对数似然函数为

$$Q(\varphi) = l(\varphi \mid y, Z)$$

$$= \sum_{j=1}^{n} \sum_{m=1}^{M} Z_{jm} (\log \alpha_m - \lambda_m - y_j \log \lambda_m - \log y_j!) - n \sum_{m=1}^{M} P_{\varepsilon,\kappa}(\alpha_m)$$

$$(5-6)$$

本章将基于式(5-6)这个对数似然函数求解未知参数。

二、EM 算法

EM 算法是一种迭代算法,给定初始值 $\varphi^{(0)} = (\lambda^{(0)}, \alpha^{(0)})$,假设已进行 k 次迭代,得出参数的估计记为 $\varphi^{(k)} = (\lambda^{(k)}, \alpha^{(k)})$,基于对数似然函数式(5-6)的第($k+1$)步,针对其中不可观测的随基变量 Z_{ij} ,EM 算法的 E-步

$$q(m \mid y_j, \varphi^{(k)}) = \frac{\alpha_m^{(k)} (\lambda_m^{(k)})^{y_j} e^{-\lambda_m^{(k)}}}{\sum_{m=1}^{M} \alpha_m^{(k)} (\lambda_m^{(k)})^{y_j} e^{-\lambda_m^{(k)}}}$$

其中 $q(m \mid y_j, \varphi^{(k)})$ 表示观测值 y_j 来自第 m 个分量模型的概率。$\bar{q}_m^{(k)} \triangleq \sum_{j=1}^{n} (m \mid y_j, \varphi^{(k)}) / n$ 表示所有样本落入第 m 类的概率。

M-步:参数 α_m 的估计为

$$\hat{\alpha}_m^{(k+1)} = \bar{q}_m^{(k)} I(\bar{q}_m^{(k)} > a\kappa) + \frac{M}{\kappa} (\bar{q}_m^{(k)} - \kappa)_+ I(\bar{q}_m^{(k)} \leqslant a\kappa) \qquad (5-7)$$

参数 λ_m 的估计为

$$\lambda_m^{(k+1)} = \frac{\sum_{j=1}^{n} q(m \mid y_j, \varphi^{(k)}) y_j}{\sum_{j=1}^{n} q(m \mid y_j, \varphi^{(k)})} = \bar{y}_m^{(k)} \qquad (5-8)$$

结果显示,基于第 k 次迭代的结果,所有样本 $y = (y_1, \cdots, y_n)$ 被分为 $\hat{M}^{(k)}$ 类,第 m 类保单的索赔发生强度为 $\lambda_m^{(k+1)} = \bar{y}_m^{(k)}, m = 1, \cdots, \hat{M}^{(k)}$,这与单个泊松分布时索赔强度参数的估计结果是一致的,由此可以看出,引入 iSCAD 惩罚函数实现了将样本汇总为 $\hat{M}^{(k)}$ 类,然后同一类保单用同一个泊松分布拟合的设想。

迭代一直进行到 $|Q(\varphi^{(k)}) - Q(\varphi^{(k-1)})|$ 小于事先设定的误差限。以

$\hat{\alpha} = \{\hat{\alpha}_1, \cdots, \hat{\alpha}_M\}$ 表示迭代结束时得到的权重参数的估计值（其中包含取值为 0 的参数估计值）。为最终只保留非零的权重参数估计和相应泊松分布，首先给出混合序 M 的最终估计为

$$\hat{M} = \#\{\hat{\alpha}_m | \hat{\alpha}_m \neq 0, m = 1, \cdots, M\} \tag{5-9}$$

那么，重新表示权重参数和分量模型参数的最终估计为

$$\hat{\alpha} = \{\hat{\alpha}_m | \hat{\alpha}_m \neq 0, m = 1, \cdots, M\} = \{\hat{\alpha}_1 \cdots, \hat{\alpha}_{\hat{M}}\}$$

$$\hat{\lambda} = \{\hat{\lambda}_m | \hat{\alpha}_m \neq 0, m = 1, \cdots, M\} = \{\hat{\lambda}_1, \cdots, \hat{\lambda}_{\hat{M}}\}$$

即从最初的 M 个混合模型中通过不断调整筛选，最终取得 $\hat{M}$ 个泊松分布，并且这 $\hat{M}$ 个不同泊松分布的权重是远离零值，这说明每个选中的泊松分布都有较大的权重，避免了模型的过拟合问题。其中混合序 M 的估计完全由样本观测值决定，这是 OMP 模型最大的优点，即由数据本身的风险多样性来决定模型的混合数，模型对数据的特征有很强的自适应性。

三、初始值的选取

本章采用的 EM 算法是迭代算法，需要事先给定初始值。给定样本观测值 $y = (y_1, \cdots, y_n)$，首先根据数据的实际特征大致将数据分为 M 类，M 取值应远小于样本观测值个数 n，预估分类可以细化些，即 M 的初始值可以选大些。泊松分布的期望值是 λ，其取值范围为 $\min(y) \leq \lambda \leq \max(y)$，各分量模型的参数初始值 $(\lambda_1^{(0)}, \cdots, \lambda_M^{(0)}) = (\bar{y}_1, \cdots, \bar{y}_M)$，其取值可以按等差方式给定，也可以按照数据的密集程度给定。每个分量模型相应权重的初始值为：$\alpha_j^{(0)} = \sum_i I(|y_i - \lambda_j^{(0)}| < v) / n$，即将保单索赔数与 $\lambda_j^{(0)}$ 差异较小的保单数看作落入 j 类，其权重为落入 j 类中的保单数占总保单数的比例，$j = 1, \cdots,$ M。值得注意的是，基于初始给定的 $(\lambda_1^{(0)}, \cdots, \lambda_M^{(0)}) = (\bar{y}_1, \cdots, \bar{y}_M)$，在迭代过程中，分类数 M 不断变化，见式（5-7）；相应各类强度参数估计也不断调整，见式（5-8）。在本章实例分析中我们发现，OMP 模型的 EM 迭代算法对初始值的要求不高，迭代过程中参数的自我调整能力很好。

四、模型评价

为说明 OMP 模型对索赔次数的拟合效果，本章将 OMP 模型与泊松分布、NB 分布、NB-GE 分布和零膨胀负二项回归模型做比较，这些分布都适用于索赔次数拟合。只是它们的分布特征不同，这些分布仅侧重拟合零膨胀、

厚尾性和异质性中的某项特征。为比较这些分布的拟合效果的优劣,本章采用卡方检验,即

$$\sum_{i=1}^{n} \frac{(f_j - e_j)^2}{e_j} \sim \chi^2(n - k - 1)$$

其中 n 为组数,k 是待估参数的个数,f_j 是观测值,e_j 为估计值。

第四节　实例分析

本章将采用三组分别主要具有零膨胀、厚尾性和异质性的数据来说明 OMP 模型在多风险数据拟合中对风险类别的识别和对数据的拟合效果,同时比较不同模型在这三组数据中的表现。本章以三组数据的主要特征命名数据,分别称为零膨胀数据、厚尾性数据和异质性数据。当然这是基于其主要特征命名,其实数据可能同时具有其他特征,比如:厚尾性数据还有明显的异质性等。

一、零膨胀数据

本数据来自 Klugman et al.(2012)的文章中一组瑞士私家车的汽车责任险的索赔次数(N),见表 5-1 中的第一列和第二列,其中 N=0 的保单数占 86.5%,数据具有显著的零膨胀特征。数据的期望值为 0.155 1,基于这个值,给定分量模型的初始值。本例 OMP 分布的初始值采用 M=7,$\lambda^{(0)} = (0.08, 0.10, 0.60, 1.10, 1.60, 2.10, 2.60)$,$\alpha^{(0)} - (0.865 0, 0.117 4, 0.014 7, 0.002 1, 3.75E-04, 5.00E-05, 1.67e-05)$。其中 M 和 $\lambda^{(0)}$ 的给定比较主观,数据从 0~6 最多分为 7 类,而 $\lambda^{(0)}$ 只需以 0.155 1 为主参考,往大小两个方向选取。

本章采用泊松、NB、NB-GE、零膨胀负二项回归模型(ZINB^{+})和 OMP 分布分别拟合汽车责任险的索赔次数,估计结果见表 5-1,其给出实际数据的观测频数和五种不同分布的估计频数、参数估计值、卡方值及 p-值。

Aryuyuen 和 Bodhisuwan(2013)采用这组相对厚尾性的数据说明其建议的 NB-GE 分布比 NB 分布表现更好,表 5-1 中的第 4 和 5 列恰好说明了这点。零膨胀和厚尾性都引起数据的风险多样性,泊松分布完全不考虑保单的风险多样性,从 N=4 开始估计频数小于 5,估计有明显的尾部低估情况。

NB、NB-GE、ZINB⁺和OMP分布都以不同的模式考虑了保单的多样特征,与泊松分布的卡方值1 332.30相比,这四个分布的卡方值明显小了很多。考虑厚尾性的NB-GE分布比NB分布在主体和尾部拟合表现都更优,但NB-GE分布的估计表现出比实际数据更长的尾部。考虑零膨胀因素的ZINB⁺在本例中受数据信息的限制,没有考虑解释变量的影响,其估计的零索赔次数比泊松和NB分布的估计更准确,但是比NB-GE和OMP分布的估计差些。基于p-值结果可以看出,本例只有NB-GE和OMP分布通过检验,其中OMP分布在数据整体和厚尾性部分的拟合上都表现最好。

表5-1 零膨胀数据的拟合结果比较

索赔次数	观测频数	拟合分布				
		Poisson	NB	NB-GE	ZINB⁺	OMP
0	103 704	102 629.60	103 723.60	103 708.80	103 717.63	103 701.20
1	14 075	15 921.95	13 989.99	14 046.80	13 994.34	14 076.30
2	1 766	1 235.07	1 857.09	1 797.80	1 858.35	1 759.27
3	255	63.87	245.20	251.70	245.45	271.54
4	45	2.48	32.29	36.00	32.33	39.35
5	6	0.080 0	4.24	6.75	4.25	4.78
6	2	0.002 0	0.56	1.29	0.56	0.49
7+	0	0	0.04	3.86	0.07	0.04
合计	119 853	119 853	119 853	119 853	119 853	119 853
参数估值	–	$\hat{\lambda}=0.155\ 1$	$\hat{r}=1.032\ 7$ $\hat{\mu}=0.155\ 1$	$\hat{r}=2.431\ 2$ $\hat{\alpha}=3.289\ 6$ $\hat{\beta}=31.279$	$\hat{\mu}=0.242$ $\hat{\sigma}=0.261\ 3$ $\hat{\nu}=0.355\ 5$	$\hat{\alpha}=(0.898\ 2,0.101\ 8)$ $\hat{\lambda}=(0.103\ 3,0.613\ 0)$ $\hat{M}=2$
卡方值	–	1 332.30	12.12	4.92	14.91	3.21
自由度	–	2	2	3	3	2
p-值	–	< 0.000 1	0.002 3	0.177 6	0.001 9	0.200 9

注:本章为便于检验,将频数不足5进行合并。

表5-1中给出的OMP模型混合序的估计为$\hat{M}=2$,这说明这组保单的风险大致分为两类。为进一步说明OMP分布是如何识别数据的风险分类的,表5-2给出每个分量泊松分布在整个拟合中分担的估计频数和比例。

从表5-2可以看出,索赔次数为0的实际保单数为103 704,OMP分布的估计保单数为103 701.20,其中泊松(0.103 3)的分布拟合占93.63%,估计值为97 093.04,泊松(0.613 0)分布拟合剩余部分,估计值为6 608.19。

从整体来看,泊松(0.103 3)分布主要分担索赔次数为 0 和 1 的保单。泊松(0.613)分布主要分担剩余保单数据的拟合,尤其是尾部数据的拟合。

表 5-2　基于零膨胀数据的 OMP 模型中各分量模型的估计值

索赔次数	观测频数	拟合分布		
		OMP	Poisson($\hat{\lambda}_1$)	Poisson($\hat{\lambda}_2$)
0	103 704	103 701.20	97 093.04 (93.63%) *	6 608.19(6.37%)
1	14 075	14 076.30	10 025.29 (71.22%) *	4 051.01(28.78%)
2	1 766	1 759.27	517.58(29.42%)	1 241.69(70.58%)
3	255	271.54	17.81(6.56%)	253.73(93.44%)
4	45	39.35	0.46(1.17%)	38.89(98.83%)
5	6	4.78	0.01(0.20%)	4.77(99.80%)
6	2	0.49	0.00(0.30%)	0.49(99.97%)
7+	0	0.04	0.00(0.00%)	0.04(99.99%)
合计	119 853	119 853	107 654.2(89.82%)	12 198.80(10.18%)

二、厚尾性数据

数据来自美国国家医疗支出调查 NMES,该数据包括了 4 406 位患者的就诊次数,其中患者年龄在 66 岁及以上,就诊次数取值范围为 0~89 的数据具有显著的厚尾性,见表 5-3 的第一列和第二列。数据的期望值为 5.77,OMP 的初始值采用混合序 M = 18,泊松分布的强度参数为 $\lambda^{(0)}$ = (1.10, 4.10, 7.10, 10.10, 13.10, 16.10, 19.10, 22.10, 25.10, 28.10, 31.10, 34.10, 37.10, 40.10, 43.10, 46.10, 49.10, 70.00),权重参数 $\alpha^{(0)}$ = (0.163 0, 0.114 0, 0.102 0, 0.100 0, 0.091 0, 0.080 0, 0.064 0, 0.052 0, 0.045 0, 0.041 0, 0.030 0, 0.027 0, 0.020 0, 0.017 0, 0.018 0, 0.013 0, 0.011 0, 0.011 0)。

由表 5-3 可以看出,泊松分布在首和尾部分的拟合效果都很差,说明这组数据不满足同质性。NB 分布在就诊次数小于等于 9 时,整体处于低估的情况,在大于 9 后大部分处于高估的情况,这说明 NB 分布在显著厚尾性数据的拟合中表现并不出色。具有更厚尾性特征的 NB-GE 分布未能成功用于拟合这组数据,因为其中有些似然函数取值为负,例:P(15;3,3,31) = -1.18e-09,显然这与实际意义不符。这可能与计算中涉及大量伽玛函数的运算有关,或与模型的参数估计没有显式表达式有关,因此表 5-3 中没有

NB-GE 的估计值。就诊次数为 0 的比例为 683/4 406＝15.55%，说明这组数据没有明显的零膨胀特征，采用考虑零膨胀的 ZINB$^+$ 分布时，就诊次数为 0 时存在高估的情况，ZINB$^+$ 分布共采用 18 个参数，卡方值 19.73 明显优于泊松和 NB 分布的卡方值。但数据的显著厚尾性使数据的特征变得复杂，泊松、NB 和 ZINB$^+$ 均未通过检验。至此，泊松、NB、NB-GE 和 ZINB$^+$ 四个分布均不适合这组数据的拟合。OMP 模型最终采用 8 个不同的泊松分布，通过了卡方检验，极好地拟合了这组具有显著厚尾性的数据。

表 5-3　厚尾性数据的拟合结果比较

就诊次数	观测频数	拟合分布			
		Poisson	NB	ZINB$^+$	OMP
0	683	13.68	654.07	708	683.68
1	481	79.02	555.07	463	482.06
2	428	228.16	472.26	451	423.82
3	420	439.16	402.15	410	426.25
4	383	633.97	342.60	361	386.02
5	338	732.16	291.94	311	324.38
6	268	704.63	248.81	265	270.11
7	217	581.26	212.08	225	227.66
8	188	419.55	180.79	189	191.6
9	171	269.19	154.12	159	159.07
10	128	155.44	131.40	133	131.02
11	115	81.60	112.03	112	108.79
12	86	39.26	95.52	94	92.08
13	73	17.44	81.45	79	79.19
14	76	7.19	69.45	66	68.24
15	53	2.77	59.22	56	58.05
16	47	1.00	50.50	47	48.34
17	48	0.34	43.06	39	39.37
18	30	0.11	36.72	33	31.56
19	24	0.03	31.32	28	25.17
20	16	0.01	26.70	24	20.22
21	18	0.00	22.77	20	16.49

表5-3(续)

就诊次数	观测频数	拟合分布			
		Poisson	NB	ZINB⁺	OMP
22	16	0.00	19.42	17	13.68
23	10	0.00	16.56	15	11.49
24	12	0.00	14.12	13	9.68
24+	77	0.00	81.87	87	77.98
合计	4 406	4 406	4 406	4 406	4 406
参数估值	–	$\hat{\lambda}=5.7744$	$\hat{r}=0.9949$ $\hat{\mu}=5.7730$	–	$\hat{\alpha}=(0.2095,0.3655,0.2646,$ $0.1250,0.0250,0.0072,$ $0.0030,0.0002)$ $\hat{\lambda}=(0.4139,3.1166,7.0618,$ $13.2859,22.0248,$ $38.6538,$ $57.3117,88.3571)$ $\hat{M}=8$
卡方值	–	6.36E+07	47.97	19.73	9.07
自由度	–	24	23	7	10
p-值	–	0.00%	0.17%	0.62%	52.5%

注:ZINB⁺的估计来自杨亮,孟生旺(2017)。

表5-4 给出8个分量模型的估计值,受表格容量的限制,其中没有给出每个分量模型承担的比例。这8个分量模型分别主要承担拟合的就诊次数依次是0~1,2~5,6~11,12~20,21~31,32~49,50~77,78~89。表5-4中的大量0值也正说明分量模型在主要承担拟合的数据之外的部分不起作用。

表5-4 基于厚尾性数据的OMP模型各分量模型的估计值

就诊次数	拟合分布							
	OMP	Pois($\hat{\lambda}_1$)	Pois($\hat{\lambda}_2$)	Pois($\hat{\lambda}_3$)	Pois($\hat{\lambda}_3$)	Pois($\hat{\lambda}_3$)	Pois($\hat{\lambda}_3$)	Pois($\hat{\lambda}_3$)
0	682.68	**610.32**	71.30	1.00	0	0	0	0
1	670.09	**440.63**	222.39	7.06	0.01	0	0	0
2	437.56	66.00	**346.55**	24.92	0.08	0	0	0
3	423.34	4.30	**360.02**	58.66	0.37	0	0	0
4	385.36	0.090	**280.50**	103.55	1.21	0	0	0
5	324.32	0.002	**174.84**	146.25	3.23	0	0	0
6	270.10	0	90.82	**172.14**	7.14	0.005	0	0

表5-4(续)

就诊次数	拟合分布								
	OMP	Pois($\hat\lambda_1$)	Pois($\hat\lambda_2$)	Pois($\hat\lambda_3$)	Pois($\hat\lambda_3$)	Pois($\hat\lambda_3$)	Pois($\hat\lambda_3$)	Pois($\hat\lambda_3$)	Pois($\hat\lambda_3$)
7	227.66	0	40.43	**173.66**	13.56	0.01	0	0	0
8	191.60	0	15.75	**153.30**	22.51	0.04	0	0	0
9	159.07	0	5.45	**120.28**	33.24	0.10	0	0	0
10	131.02	0	1.70	**84.94**	44.16	0.22	0	0	0
11	108.79	0	0.48	**54.53**	53.33	0.44	0	0	0
12	92.08	0	0.13	32.09	**59.05**	0.82	0	0	0
13	79.19	0	0.03	17.43	**60.34**	1.38	0	0	0
14	68.24	0	0.01	8.79	**57.27**	2.17	0	0	0
15	58.05	0	0.00	4.14	**50.72**	3.19	0	0	0
16	48.34	0	0	1.83	**42.12**	4.39	0	0	0
17	39.37	0	0	0.76	**32.92**	5.69	0	0	0
18	31.56	0	0	0.30	**24.30**	6.96	0.003	0	0
19	25.17	0	0	0.11	**16.99**	8.07	0.006	0	0
20	20.22	0	0	0.04	**11.29**	8.89	0.01	0	0
21	16.50	0	0	0.01	7.14	**9.32**	0.02	0	0
22	13.68	0	0	0	4.31	**9.33**	0.04	0	0
23	11.50	0	0	0	2.50	**8.93**	0.06	0	0
24	9.68	0	0	0	1.38	**8.20**	0.10	0	0
25~31	34.04	0	0	0	1.42	**28.99**	3.64	0	0
32~49	31.30	0	0	0	0.07	2.96	**26.36**	1.98	0
50~77	12.64	0	0	0	0	0	1.42	**11.10**	0.13
78~89	0.43	0	0	0	0	0	0	0.07	**0.36**
合计	4 604	1 121.35	1 610.47	1 165.78	550.59	110.11	31.67	13.14	0.49

三、异质性数据

数据来自 Simon(1961) 给出的 298 份合同的索赔次数,见表 5-5 中的第一列和第二列。从表 5-5 第三列的同质性泊松分布的不佳拟合结果来看,数据具有异质性。数据的期望值为 1.708 1,OMP 的初始值采用混合数 M=9,泊松分布的强度参数为 $\lambda^{(0)} = (0.08, 1, 2, 3, 4, 5, 6, 8)$,权重参数 $\alpha^{(0)} = (0.337 9, 0.221 9, 0.194 6, 0.119 5, 0.068 3, 0.034 1, 0.013 7, 0.010 2)$。采用泊松、NB、NB-GE 分布和 OMP 模型分别拟合索赔数据,估计结果见表 5-5,给出实际数据的观测频数和不同分布的估计频数、卡方值及 p-值。

表 5-5 异质性数据的拟合结果比较

索赔次数	观测频数	拟合分布			
		Poisson	NB	NB-GE	OMP
0	99	54.00	95.90	94.60	99.00
1	65	92.20	75.80	79.80	65.90
2	57	78.80	50.40	51.20	55.30
3	35	44.90	31.30	30.20	36.70
4	20	19.20	18.80	17.40	19.20
5	10	6.50	11.00	10.50	8.90
6	4	1.90	6.40	5.80	4.50
7	0	0.50	3.70	3.40	2.80
8	3	0.10	2.10	2.00	2.00
9	4	0	1.20	1.20	1.40
10	0	0	0.70	0.80	1.00
11+	1	0	0.70	1.50	1.30
合计	298	298	298	298	298
参数估值	–	$\hat{\lambda}=1.708\,1$	$\hat{r}=1.473\,5$ $\hat{\mu}=1.708\,1$	$\hat{r}=10.023\,0$ $\hat{\alpha}=2.432\,9$ $\hat{\beta}=11.003\,3$	$\hat{\alpha}=(0.2\,823,0.6\,701,0.047\,5)$ $\hat{\lambda}=(0.1\,602,1.989\,5,6.936\,6)$ $\hat{M}=3$
卡方值	–	72.55	4.01	5.32	0.21
自由度	–	4	5	4	1
p-值	–	<1.00%	54.80%	25.60%	64.78%

本组数据缺乏详细的解释变量信息,而且不具有零膨胀现象,因此不采用 ZINB⁺ 进行拟合。泊松分布不考虑异质性,所以表现最差,NB-GE 分布对这组数据的拟合比 NB 分布差,存在主体低估的情况,可能因为 NB-GE 的估计没有显式表达式,Aryuyuen 和 Bodhisuwan(2013)建议的 Newton-Raphson 估计法对初始值的依赖性较大。OMP 模型最终选定三个泊松分布加权的混合分布来拟合数据,拟合效果很好。考虑异质性的 NB、NB-GE 和 OMP 模型均通过了检验,但是从卡方值上来看,OMP 模型具有明显优势,p-值表现也是最优的。

表 5-6 显示 Poisson($\hat{\lambda}_1$)主要拟合索赔次数为 0 的数据;Poisson($\hat{\lambda}_2$)主要拟合索赔次数为 1-6 的数据;Poisson($\hat{\lambda}_3$)主要拟合剩余的索赔数据。

即将数据的风险分为三类,分别用不同的泊松分布来拟合,因此每个特征都能拟合得很好。

表 5-6　基于异质性数据的 OMP 模型各分量模型的估计值

索赔次数	观测频数	拟合分布			
		OMP	Poisson($\hat{\lambda}_1$)	Poisson($\hat{\lambda}_2$)	Poisson($\hat{\lambda}_3$)
0	99	99.00	**71.70 (72.4%)**	27.3(13.34%)	0.00(0.00%)
1	65	65.90	11.5(17.50%)	**54.30(82.40%)**	0.10(0.00%)
2	57	55.30	1.00(1.80%)	**54.10(97.80%)**	0.30(0.50%)
3	35	36.70	0.00(0.00%)	**35.80(97.50%)**	0.80(2.20%)
4	20	19.20	0.00(0.00%)	**17.80(92.70%)**	1.30(6.80%)
5	10	8.90	0.00(0.00%)	**7.10(79.80%)**	1.80(20.20%)
6	4	4.50	0.00(0.00%)	**2.40(53.30%)**	2.10(46.70%)
7	0	2.80	0.00(0.00%)	0.70(25.00%)	**2.10(75.00%)**
8	3	2.00	0.00(0.00%)	0.20(10.00%)	**1.80(90.00%)**
9	4	1.40	0.00(0.00%)	0.00(0.00%)	**1.40(100%)**
10	0	1.00	0.00(0.00%)	0.00(0.00%)	**1.00(100%)**
11+	1	0.60	0.00(0.00%)	0.00(0.00%)	**0.60(100%)**
合计	298	298	84.20(28.30%)	199.70 (67.20%)	13.30(4.50%)

第五节　结论与建议

一、索赔次数多特征的研究结论

本章建立了 OMP 模型,这个模型最大的优点是混合数不确定。本章第二部分给出模型的分布,MGF 的计算公式以及封闭性的证明。第三部分给出模型参数的估计。通过引入 iSCAD 惩罚函数和 EM 算法,给出混合权重系数、分量模型发生强度参数以及混合序的估计,见式(5-7)至式(5-9),其中式(5-9)是混合序的估计,是所有非零权重参数的个数。估计过程是基于样本数据对分量模型的支持程度估计权重参数,鉴于公式(5-7)中的 $(\bar{q}_j^{(k)} - \kappa)_+$ 结构,将权重系数估计值小于 κ 的分量模型删掉,剩余的分量模型的个数就是混合序的估计。

二、索赔次数多特征的建议

最后将 OMP 模型用于三组分别具有零膨胀、厚尾性和异质性不同特征的数据,通过与泊松、NB、NB-GE 以及 ZINB⁺ 分布的比较,最终给出以下建议:

(一)泊松分布对多特征索赔次数拟合欠佳

泊松分布因为没有考虑风险的多样性,它对具有零膨胀、厚尾性和异质性特征的数据的拟合效果都不好。

(二)负二项分布的混合性可以改善其对多特征索赔次数的拟合效果

NB 分布通过对发生强度参数引入 $\lambda \sim \mathrm{Gamma}(\alpha, \beta)$,实现模型的异质性,因此对异质性数据拟合效果较好,见第三组数据的拟合。但是对同时具有厚尾性的数据,其尾部拟合效果欠佳,见第一、第二组数据。

(三)NB-GE 分布主要改善索赔次数的尾部拟合效果

NB-GE 分布虽然在一定程度上改善了 NB 分布的尾部拟合不佳的问题,但其改善效果有限,估计往往比实际数据有更长的尾部。同时模型的分布函数和统计特征都比较复杂,这使得其很难给出参数估计的显式表达式,这极大限定了其实用性。

(四)ZINB⁺分布借助回归结构解释保单风险的分类

ZINB⁺分布基于 NB 分布引入回归和零膨胀模型。如果数据本身没有零膨胀效应,该模型可能产生高估零膨胀的情况,见第二组数据。这个模型实际借助解释变量将风险进行了分类,这种方式可能存在过拟合问题,因为有些解释变量之间可能是相关的。

(五)OMP 模型适用于索赔次数的多风险特征拟合

OMP 模型在多风险数据分析中的优势:首先,从模型结构上看,混合结构可以兼顾零膨胀、异质性和厚尾性等特征,有直观的解释,即不同的分量分布可以拟合不同的风险特征;其次,开放式结构使混合数的多少完全取决于数据本身,在三组实例数据的拟合中,混合数的估计分别为 2、8 和 3,这说明不同数据的风险类别是不同的。本章借助 iSCAD 惩罚函数实现自主选择风险类别数量的方法。实例分析中,OMP 模型对三组不同特征数据的拟合效果都很好,充分展示了新方法的实际应用价值。这些结果说明 OMP 模型可以显著改进现有模型的拟合效果,为多风险数据规律和特征的分析提供了一种新的选择。

附录 A   开放式混合泊松模型 R 代码

```
###############################################################
## Poissom mixture with iSCAD penalty
###############################################################

## Log likelihood of sample

erlang.loglikelihood <- function( x, poi, pi) {
    x.densities <- outer( x, poi, dpoi)
    coe <- pi
    x.components <- sweep( x.densities, 2, coe, FUN = " * " )
    likelihood.contribution <- rowSums( x.components)
    loglikelihood.contribution <- ifelse( likelihood.contribution>0,
                            log( likelihood.contribution), -1000)
    erlang.loglikelihood <- sum( loglikelihood.contribution)
    return( erlang.loglikelihood)
}

## iSCAD function

penalty<-function( lambda, pi) {
    varepsilon = lambda^1.5
    m = length( pi)
    a = m/( m-lambda)     # the only value of paramter a
    pi[ is.na( pi) ] = 1/m
    pen = vector( )
    for( j in 1 : m) {
        pen[ j] <-ifelse( pi[ j]>a * lambda, lambda * ( log( ( a * lambda+varepsilon)/
varepsilon) +a^2 * lambda^2/2-a * lambda/( a * lambda+varepsilon) )
                        , lambda * ( log( ( pi[ j] +varepsilon)/varepsilon) -pi[ j]^2/2+
( a * lambda-1/( a * lambda+varepsilon) ) * pi[ j] ) )
    }
    penalty<-sum( pen)
```

```
        penalty
}


##loglikelihood function with iSCAD penalty

erlang.ploglikelihood<-function( x, poi, pi, b) {
    n<-length( x )
    lambda<-b/n^0.5    # the order of the parameter lambda
    ploglikelihood <-erlang.loglikelihood( x, poi, pi) -n * penalty( lambda, pi)
    list( ploglikelihood = ploglikelihood, lambda = lambda)


}



## E-step: z_{ij}^{k}  from kth iteration

erlang.z <-function( x, poi, t,  pi) {
    x.densities <- outer( x, poi, dpoi)
    coe <- pi
    x.components <- sweep( x.densities, 2, coe, FUN = " * " )
    z <- sweep( x.components, 1, rowSums( x.components), FUN = "/" )
    # in case all z_{ij}^{k} for j = 1,...,M are numerically 0
    z[ is.nan( z ) ] = 1/length( shape)
    return( z)
}



## E-M alogrithm with iSCAD penalty

erlang.em2<-function( x, poi, pi, b, eps, print = TRUE) {
    n <- length( x )
    iteration <- 0
    m<-length( pi )
    temp<-erlang.ploglikelihood( x, poi, pi,  b)
    ploglikelihood <-temp $ ploglikelihood
    loglikelihood<-erlang.loglikelihood( x, poi, pi)
```

```
lambda <- temp $ lambda
a<-m/( m-lambda)
old.ploglikelihood <- -Inf
history.ploglikelihood <- ploglikelihood
shape1<-c( )
pi1<-c( )
while( ploglikelihood - old.ploglikelihood > eps) {
    old.ploglikelihood <- ploglikelihood
    if( print) cat( " ploglikelihood = ", ploglikelihood, " loglikelihood = ", loglikeli-
hood," poi = ", poi, " \n", " pi = ", pi, " \n")
    poi1<-poi[ pi>0]
    m1<-length( poi1)
    pi1<-pi[ pi>0]
    ploglikelihood1<-ploglikelihood
    loglikelihood1<-loglikelihood
    history.ploglikelihood <- c( history.ploglikelihood, ploglikelihood)
    iteration <- iteration + 1
    # E step
    z <- erlang.z( x,poi1,pi)

    # M step
    temppi<-c( )
    temppi <- colSums( z)/n
    m<-length( temppi)
    for( i in 1:m) {
    poi1[ i]<-sum( x * z[ ,i])/sum( z[ ,i])
    }
    a<-m/( m-lambda)
    for( i in 1:m) {
        help1 <-m * max( temppi[ i] - lambda,0)/lambda
        pi1[ i]<- help1 * ( temppi[ i] <=a * lambda) + temppi[ i] * ( temppi[ i] >
a * lambda)
    }
    pi1<-pi1/sum( pi1)

    ploglikelihood <- erlang.ploglikelihood( x, poi1, pi1, b) $ ploglikelihood
    loglikelihood<-erlang.loglikelihood( x,poi1,pi1)
```

```
  }
  list( poi = poi1 , m = m1 , pi = pi1 , ploglikelihood = ploglikelihood1 , loglikelihood = log-
likelihood1 , history.ploglikelihood = history.ploglikelihood ,
        iteration = iteration , lambda = lambda ,
        AIC = -2 * loglikelihood1 + 2 * ( 2 * m1 + 1 ) ,
        BIC = -2 * loglikelihood1 + ( 2 * m1 + 1 ) * log( length( x ) ) )
  }
```

第六章　开放式混合泊松回归模型及其应用

2020 年新颁布实施的《关于实施车险综合改革的指导意见》要求逐步放开自主定价系数的浮动范围,实现车险产品费率与其风险水平的更高匹配。本章研究车险在零膨胀、异质性和长尾性等不同风险下的影响因素,以便根据车险产品的不同风险水平实现车险产品自主分类定价。第一节梳理了已有文献中影响车险定价的因素;第二节提出了开放式混合泊松回归模型,其主要分为两步:首先采用开放式混合泊松(Open Mixed Poisson,OMP)模型的开放式结构实现车险的自主风险分类;然后,通过泊松回归(Poisson Regression,PR)模型的回归结构研究不同保单类的影响因素,实现了针对不同风险客户的分类和定价,避免了车险产品的同质化;第三节基于一组车险的索赔数据,说明模型在车险分类定价中的可行性和实用性;第四节基于研究给出了车险自主定价的一些建议。

开放式混合泊松回归模型的主要优势是实现了纵向分类模式,弥补了传统截断式分类的理论支持不足、不便于解释等问题,该分类还充分表现了可观测和不可观测因素的综合影响,规避了不可观测因素的难获得性造成的估计偏差。

第一节　引言

汽车保险在产险公司业务中占据重要的地位,为促进车险市场的良性发展,推进车险定价的市场化,从 2015 年 3 月至 2018 年 3 月,中国保险监督管理委员会(下称保监会)就商业车险费率市场化进行了一系列改革(简称商车费改）。这些改革以市场化为导向,逐步放开产险公司的商业车险自主定价权。2020年9月3日中国银行保险监督管理委员会(下称银保监会)发布《关于实施车险综合改革的指导意见》,再次提出放开自主定价系数浮动范围,第一步将自主定价系数范围确定为 $[0.65-1.35]$,第二步适时完全放开自主定价系数的范围,提高车险产品的市场化水平,保障车险产品费率与风险水平更加匹配。这一系列的改革给产险公司带来了新的发展机遇,有利于产险公司充分发挥自身优势,根据客户需求开展适应市场发展的个性化业务,打破产品同质、低水平竞争的困局。有机遇就会有挑战,机遇和挑战并存,产险公司如何合理而有效地行使自主定价权是其面临的重要挑战。为应对这一挑战,产险公司应根据自身条件,充分分析客户群体的特征和需求,提高自身的数据分析能力和定价能力,开发符合不同客户群体需求的产品,找准自己的经营方向。

产险公司通过费率调整系数实现车险的自主定价。就自主定价的权限来看,车险最低折扣由费改前的7折下降至最低2折(厦门连续5年不出险可优惠到2折),显然费改极大地放宽了产险公司的自主定价权。而费率调整系数由车险综合改革前的14个简化为现有的3个:交通违法系数、无赔款优待系数、自主定价系数。其中交通违法系数暂未放开,无赔款优待系数由平台确定,自主定价系数由产险公司自主设置,这是产险公司行使自主定价权的主要途径。自主定价系数比较复杂,受众多因素的影响,主要分为从人、从车和从地区三类,这些因素对车险赔付或定价的影响一直都是保险研究中的重要议题。本章将基于这些因素研究其对不同风险保单定价的影响,其中从人的因素包括年龄、性别(Richardson et al., 1996;Eustace et al.,2010)、婚姻状况、受教育程度(Lourens et al.,1999)、驾龄、驾驶技术、驾驶习惯等;从车的因素包括行驶里程(Lourens et al.,1999;张连增 等,2012)、车龄、车型(Richardson et al.,1996)、投保车辆数等;从地区的因素包括行驶路况(张连增 等,2012)、行驶区域、人口密度等。保险实务中,事故的索赔次数(下称索赔数)被记录,其可观测性和对风险的综合反映能力使其常被看作车险风险的代表,并作为车险定价的基础。因此本章将重点研究上述影响因素对索赔数的影响,并为产险公司保单的自主分类定价给出合理建议。

为充分挖掘不同影响因素对索赔数的影响,Mccullagh 和 Nelder(1989)首次将广义线性模型(Generalized Linear Model, GLM)引入精算领域,并采用泊松分布拟合索赔数,建立 PR 模型刻画不同因素对风险的影响。实际保单中被保险人的熟练程度、车辆的性能等不同,使索赔数发生的强度不尽相同,使得索赔数存在零膨胀、异质性、长尾性等特征,显然单一泊松分布不再适合,为合理刻画索赔数的这些风险特征,学者对泊松分布进行了一系列改良(Yip et al., 2005;Gençtürk et al., 2016;杨亮 等,2017;Da Silva et al., 2018),这些研究针对索赔数的不同特征,建立了不同结构的模型,但是这些模型都没能同时对零膨胀、异质性和长尾性等特征展开研究,也都没能实现根据保单的风险特征自主分类。殷崔红等(2019)提出 OMP 分布:$P(N = k)$ $= \sum_{i=1}^{M} a_m P(k;\lambda_m)$,其中 $P(k;\lambda_m)$ 为泊松分布,α_m 为权重参数,M 为混合数。混合分布中不同的泊松分布拟合数据的不同特征,以此实现对零膨胀、异质性、长尾性等特征的统一建模,其开放式结构(即 M 待定)使该分布对实际数据的多样风险特征具有良好的自适应性,即 M 由数据自身的风险特征数来确定。本章将结合 OMP 模型和 PR 模型的优点,实现对保单的自主分类,即按照其风险强度的不同,实现对保单组合内保单的分类;然后对不同类别的保单做影响因素分析,为不同风险等级保单的分类定价做准备。

为实现车险的分类定价,本章提出的研究思路为:首先,采用主成分分析法将从人、从车、从地区等因素进行降维,规避多因素误差容易引起的估计量失效的问题,使众多的因素转化为几个能代表绝大部分原始数据信息的主成分,作为因素分析的解释变量。其次,采用 OMP 模型对索赔数进行拟合,实现对投保保单按风险等级分类。最后,采用 PR 模型来分析保留的主成分对不同保单类的影响,以此对自主定价系数的设定提出合理建议,为车险费率的分类厘定提供理论依据。本章实际结合 OMP 模型和 PR 模型的优点,建立了一个新的开放式混合泊松回归(Open Mixed Poisson Regression, OMPR)模型,其结构形成图见图 6-1,表达式见式(6-3)。

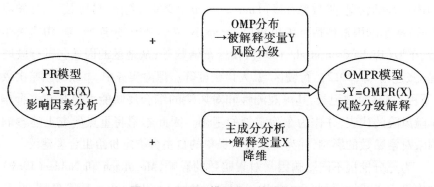

图 6-1　OMPR 模型建立的结构图

第二节　开放式混合泊松回归模型

由于被保险人和投保车辆性能的不同,不同保单可能具有不同索赔风险,采用风险强度为常数的单一泊松分布显然不能满足需要。本章根据保单索赔风险强度的不同,将保单分为 M 类,其中 M 为未知数。以随机变量 U 表示不同等级的强度,其概率分布函数为

$$P(U = \lambda_m) = \alpha_m, \quad m = 1, 2, \cdots, M$$

显然 $\alpha_m \geqslant 0$,且 $\sum\limits_{m=1}^{M} \alpha_m = 1$。设 m^{th} 类中保单的索赔数服从 $Pois(\lambda_m)$

$$P(N = k \mid U = \lambda_m) = \frac{\lambda_m^k e^{-\lambda_m}}{k!}, \quad k = 0, 1, \cdots$$

即第 m^{th} 类保单的风险强度为 λ_m,那么保单组合中单一保单索赔数的分布为

$$P(N = k) = \sum_{m=1}^{M} \alpha_m \frac{\lambda_m^k e^{-\lambda_m}}{k!}, \quad k = 0, 1, \cdots \tag{6-1}$$

注意 M 是未知的,它将根据数据自身风险特征来确定,从而将保单组合分成风险强度不同的 M 类。为分析不同风险保单的影响因素,基于 PR 模型,本章在索赔强度中引入协变量,即 $\lambda_m(\beta_m, x_j)$,有

$$\log(\lambda_m(\beta_m, x_j)) = \beta_{m,0} + \beta_{m,1} x_{j,1} + \cdots + \beta_{m,p} x_{j,p}, j = 1, 2, \cdots, n, m = 1, 2, \cdots, M \tag{6-2}$$

从而,本章建立的 OMPR 模型可以表示为

$$P(N = k) = \sum_{m=1}^{M} \alpha_m Pois(k \mid \lambda_m(\beta_m, x_j)) = \sum_{m=1}^{M} \alpha_m \frac{(\lambda_m(\beta_m, x_j))^k e^{-\lambda_m(\beta_m, x_j)}}{k!}$$

$$k = 0, 1, \cdots \tag{6-3}$$

其中 $\beta_m = (\beta_{m,0}, \cdots, \beta_{m,p})$ 和 $x_j = (x_{j,1}, \cdots, x_{j,p})$,由式(6-3)可以看出,该模型是将多个不同参数的泊松分布以加权的方式形成混合分布,每个泊松分布代表一类风险,其风险强度为 $\lambda_m, m = 1, 2, \cdots, M$,显然任一保单只属于其中的一类,整个保单组合将保单按索赔强度分为 M 类,而每一类的风险又借助式(6-2)进行了因素分析,实现了保单按类进行因素分析的目的。

OMPR 模型中的待估参数包括:混合数 M,混合权重参数 $\alpha = (\alpha_1, \cdots, \alpha_M)$,分量分布的所有参数 $\beta = (\beta_1, \cdots, \beta_M)$,其中 β_i 是 $p+1$ 维向量,为便于说明,本章还将给出与之相关的风险强度参数 $\lambda = (\lambda_1, \cdots, \lambda_M)$ 的估计。本章将借助 iSCAD 惩罚函数(Yin et al.,2016)采用 EM 算法(Mclachlan et al.,2007)和重新加权迭代最小二乘算法(Lim et al.,2014),运用 R 软件给出所有参数的估计。

第三节 实例分析

一、数据来源及整理

本章数据来自 R 软件包 CASdatasets 中的一组观测期为 1 年的机动车第三责任险数据,通过整理,有效的数据记录量为 668 898 个,数据包括索赔数、风险暴露、汽车动力、车辆使用年限、驾驶员年龄、保费优待数、汽车品牌、用油类型、人口密度和两个地区记录(Area 和 Region),为避免重复,本章选择 Area 代表地区指标,另外本章不考虑用油类型的影响,因为没有信息显示其与索赔数有显著关系,从而本章保留了 8 个索赔风险的影响因素(受数据限制,未能给出更多影响因素),并将其分为 3 大类:从人、从车和从地区(见表 6-1),其中无赔款优待系数是根据被保险车辆出险记录来确定的优惠系数,根据车主而定,因此将其看作是从人因素。风险暴露单位是车辆的有效车年数,因此将其看作是从车因素。

表 6-1 影响因素分类表

分类	因素	数据范围
从人	驾驶员年龄	18-100
	无赔款优待系数	50-230
从车	汽车动力	4-15
	车辆使用年限	0-100
	风险暴露	0.002-2.01
	汽车品牌	1-6,10-14
从地区	人口密度	0-2 700
	地区	1-6

当回归模型存在较多解释变量时,可能存在信息重复现象,且较多回归系数的估计误差可能造成模型预测误差较大的问题。为规避这类问题,已有文献采用主成分分析法对众多解释变量实现降维(Marx et al., 1990;刘征宇 等,2015)。主成分分析法可以把多变量转化为少数几个主成分变量,这几个主成分变量能够反映原始变量的大部分信息,且所含信息互不重复。本章采用主成分分析法对解释变量进行降维,利用 R 软件,将原始数据标准化,再进行主成分分析,通过累计方差贡献率和碎石法的综合考虑,保留前 4个主成分,以此刻画解释变量的绝大部分原始信息,其中前 4 个主成分的信息负荷结果见表 6-2。

从表 6-2 的主成分负荷结果可以看出各主成分负荷的主要信息不同,主成分 1(X_1)主要反映从地区因素;主成分 2(X_2)主要反映从人因素;主成分 3(X_3)主要综合反映从地区和从车因素中的风险暴露和汽车品牌,其中的地区因素比主成分 1(X_1)的影响小些,因此将主成分 3(X_3)看作从车因素 1;主成分 4(X_4)主要反映从车因素中的汽车动力和车辆使用年限,将其看作从车因素 2。主成分分析将原始数据的 8 个影响因素压缩为现有的 4 个主成分,后文将把这 4 个主成分作为新的影响因素。

表 6-2　前 4 个主成分的信息负荷结果

分类	影响因素	主成分 1(X_1)	主成分 2(X_2)	主成分 3(X_3)	主成分 4(X_4)
从人	驾驶员年龄	0.179	0.579	0.253	
	保费优待数	−0.239	−0.587	−0.157	
从车	汽车动力	−0.119	0.236	−0.230	0.864
	车辆使用年限	0.308	−0.341	−0.314	0.477
	风险暴露	0.347	0.119	0.403	0.102
	汽车品牌	−0.372	0.364	−0.390	
从地区	人口密度	−0.509		0.490	
	地区	−0.533		−0.454	

二、保单分类

本章在对回归系数 β_m 进行估计时,按照模型的设计思路,先对保单进行了分类,然后基于每类保单估计 β_m,这不仅使估计过程便于理解,而且简化了计算。鉴于索赔数可能存在的零膨胀、异质性和长尾性等多风险特征,本章采用开放式混合结构对索赔数的风险特征作自主选择,通过反复进行 EM 过程迭代,得到参数估计结果(见表6-3)。

由表6-3可以看出,该类数据最终分为3类($\hat{M}=3$),也就是说风险分为3类:索赔强度 $\hat{\lambda}_1 = 0.016$ 的保单占比为84.8%,看作低风险保单类;索赔强度 $\hat{\lambda}_2 = 0.168$ 的保单占比为15.2%,看作一般风险保单类;索赔强度 $\hat{\lambda}_3 = 8.479$ 的保单占比为 $1.28 * 10^{-5}$,显然这部分是高风险保单类,因为占比极低,也可将其看作异常风险保单类。

表6-3 OMP 模型的参数估计值

待估参数	估计值
混合数	$\hat{M} = 3$
权重参数	$\hat{\alpha} = (0.848, 0.152, 1.280 \times 10^{-5})$
泊松强度参数	$\hat{\lambda} = (0.016, 0.168, 8.479)$

下面具体说明索赔数的分类(见表6-4)。第1、2列给出了索赔数及相应观测数。为把保单按风险强度分类,本章采用 OMP 模型拟合索赔数的分布,拟合估计值见表6-4中第3列,而列4、5、6分别详细给出了保单的分类情况,即每个分量泊松分布在整个拟合中的估计频数和比例,由这些结果可以看出:

表6-4 索赔数的观测值和 OMP 模型及各分量泊松分布的估计值

索赔数	观测数	OMP 分布	Poisson($\hat{\lambda}_1$)	Poisson($\hat{\lambda}_2$)	Poisson($\hat{\lambda}_3$)
0	643 954	643 953.52	558 057.1(86.7%)	85 896.5(13.3%)	0.867(0.0%)
1	23 569	23 572.25	9 115.2(38.7%)	14 457.0(61.3%)	0.015(0.0%)
2	1 299	1 291.12	74.4(5.8%)	1 216.6(94.2%)	0.064(0.0%)
3	62	68.84	0.4(0.6%)	68.3(99.1%)	0.181(0.3%)
4	5	3.26	1.7E-3(0.0%)	2.9(88.2%)	0.386(11.8%)
5	2	0.75	0(0.00%)	0.1(12.9%)	0.650(87.1%)
6~16	6	4	0(0.00%)	3.0E-3(0.07%)	3.997(99.93%)
合计	668 897	668 897	567 247	101 641.3	8.5

(一)低风险类的特征

索赔强度为 $\hat{\lambda}_1 = 0.016$ 的泊松分布,其索赔数包括0、1、2,索赔数为0的保单主要分在了这一类,分担比例为86.7%,因此该类可以看作几乎不发生索赔的保单组成的低风险类。当然该类仍有发生事故索赔的可能,只是概率相对低很多,因此还有少量索赔数为1和2的保单落入这一类,其在该类的占比分别为1.6%(即9 115/567 247)和0.013%(即74.4/567 247)。另外,从数据特征上看,该类拟合了绝大部分零值索赔数,因此该泊松分布($\hat{\lambda}_1 = 0.016$)极好地刻画了数据的零膨胀特征。

(二)一般风险类的特征

索赔强度为$\hat{\lambda}_2 = 0.168$的泊松分布,其索赔数包括0、1、2、3、4,其承担了1、2、3、4索赔数的主要拟合工作,分担比例分别为61.3%、94.2%、99.1%、88.2%,因此该类被看作是一般风险类。虽然该类出现了大量索赔保单,但是大部分保单仍然没有出现索赔,未出现索赔保单的占比为84.5%(85 896/101 641),这说明虽然该类保单对某些影响因素较为敏感,出现了较多的索赔数为1~4的保单,但对其中绝大部分还是不会发生索赔,即相对来说虽然一般风险类出险概率高了,但并不是该类保单一定发生索赔,这与实际现象是相符的。

(三)高风险类的特征

索赔强度为$\hat{\lambda}_3 = 8.479$的泊松分布,其索赔数包括5~16,仅8份保单,这说明这部分数据量极少且具有很强的长尾性,因此将该类看作异常风险保单类,泊松分布($\hat{\lambda}_3 = 8.479$)刻画了该类数据的长尾性。

分类得到的三类数据在风险特征上存在明显的差异,即数据存在异质性,本章借助三个泊松分布的混合很好地刻画了数据的这种异质性。至此,OMPR模型的开放式混合结构同时实现了对索赔数据的零膨胀、异质性和长尾特征的刻画。

以往的分类研究主要按截断式分类,比如按索赔数0,1~4,5+分类,但是这种分类模式与现实有差异,即使一个多年没发生事故索赔的经验丰富的司机,也可能在未来发生事故,即低风险类也可能存在发生索赔的保单。而一个在过去发生多次索赔的司机,在未来也可能不发生索赔,即一般风险类也存在大量不发生索赔的保单,传统的完全截断式分类不能刻画这些情形。其次,在理论上也很难采用常见的分布来刻画这种截断式数据。因此本章建议的OMPR模型的开放式混合结构更适合按风险水平对保单分类。

三、基于保单分类的影响因素分析

通过以上两部分的分析,将影响因素压缩为4个带有绝大部分原始数据信息的主成分,作为回归结构的解释变量;将索赔数分为3个不同风险强度的保单类,作为被解释变量,下面对不同保单类的主成分影响作因素分析,结果见表6-5,其给出了不同保单类受不同主成分影响的回归系数的估计值。

表6-5　不同保单类的影响系数估计

风险分类	强度参数	影响系数
低风险类	$\hat{\lambda}_1 = 0.016$	$\hat{\beta}_1 = (-4.214, 0.073, -0.187, 0.220, -)$
一般风险类	$\hat{\lambda}_2 = 0.168$	$\hat{\beta}_2 = (-1.481, 0.380, -0.261, 0.478, 0.147)$
异常风险类	$\hat{\lambda}_3 = 8.48$	—

(一)低风险类的影响因素

表6-5第一行给出低风险类的影响因素系数估计,其中的$\beta_{1,4}$未通过5%的显著性水平检验,即系数不显著,从而缺失。其余被保留的系数均通过5%显著性水平,说明低风险类主要受X_1, X_2, X_3的影响。从系数绝对值的大小来看,$|\beta_{1,1}| < |\beta_{1,2}| < |\beta_{1,3}|$,即从车因素1和从人因素对索赔风险的影响较大,其中从车因素1影响最大,从地区因素影响最小,故对几乎不发生或者极少发生索赔的被保险人在确定保费时应该更多关注其从车因素1和从人因素。从系数符号来看,从地区因素X_1对于索赔数的影响为正向,说明在驾驶环境好(人口密度小,道路不拥挤)的区域发生事故的概率低。从人因素X_2对索赔数的影响为负向,说明年轻的车主驾驶经验不足,驾驶习惯不佳,其无索赔优待系数小,出险情况较多,索赔数相应较高。X_3中风险暴露单位数越小的车,其风险暴露的时间越短,因此发生索赔风险越小,即风险暴露对于索赔风险的影响为正向。与X_1一样,X_3也受从地区因素的正向影响。然而好品牌的汽车其安全配置也好,风险相对降低,即汽车品牌对索赔风险有反向影响。但综合来看,X_3对索赔风险呈正向影响。$\beta_{1,4}$的不显著则反映出汽车动力和车辆使用年限对低风险人群基本没有影响。

(二)一般风险类的影响因素

表6-5第二行一般风险类中的所有系数均通过5%显著性水平,说明模

型相应的解释变量均是显著的,因此一般风险类受 X_1, X_2, X_3, X_4 的影响。从系数绝对值大小来看,$|\beta_{2,4}| < |\beta_{2,2}| < |\beta_{2,1}| < |\beta_{2,3}|$,即风险受从地区和从车因素 1 影响较大,从人因素次之,受从车因素 2 的影响最小。与低风险类比较发现,一般风险类中从人、从车、从地区因素对于索赔数的影响都增加了,说明一般风险类比较敏感,各种因素都可能引起较大索赔风险。从系数符号来看,X_1, X_2, X_3 与索赔数的相关方向同低风险类是一样的。而反映车辆使用时间、汽车动力等的 X_4,即从车因素 2 对于索赔数的影响为正向,说明车龄越大,汽车动力越容易不足,使得车辆的速度控制力降低,容易发生事故,增加索赔风险。

(三)异常风险类的影响因素

索赔数为 5 及以上的保单仅 8 份,数据量过少,无法进行影响因素分析,本章对此不展开讨论。其占比 8/668 897 很低,建议保险公司作为异常保单重点关注。

总体来看,不管是低风险类还是一般风险类,其索赔风险受 X_3 的影响最大,受 X_4 的影响最小;一般风险类比低风险类对各种因素更敏感;低风险类主要受因素 X_2, X_3 的影响,一般风险类主要受因素 X_1, X_3 的影响,即不同类的主要影响因素和影响强度都不同,因此本章按风险强度分类讨论影响因素是必要的。

第四节 结论与建议

一、自主定价的研究结论

产险公司行使自主定价权的重要途径之一是调整自主定价系数,该系数受到来自被保险人、投保车辆、车辆行驶环境等从人、从车、从地区三类因素的影响,这些影响使得保单的索赔风险存在显著差异。因此本章建立了 OMPR 模型实现了风险分级和影响因素分析。实务中保单组合的实际风险等级有多少是未知的,OMPR 模型的开放式结构很好地解决了这一问题,其完全由数据自主确定。混合模型中的不同泊松分布刻画不同风险特征。在不同泊松分布中引入的回归结构给出了影响因素分析,从而实现了根据不同风险等级分析其影响因素的目的,为进一步根据保单的不同风险等级给出合理定价提供了依据。本章采用 OMPR 模型分析了一组汽车第三责任险的索赔数据,将该类数据根据风险强度分为三类:低风险类、一般风险类、异常风险类,其中异常风险类因其数据量太少,不进一步做因素分析。而低风险类主要受因素 X_2,X_3 的影响,一般风险类主要受因素 X_1,X_3 的影响,因素 X_4 对低风险类和一般风险类的影响都最低,因素 X_3 的影响都是最大的,低风险类比一般风险类对影响因素的敏感性要低。

二、产险公司自主定价的建议

基于以上分析,本章对产险公司的自主定价给出下面一些建议:

(一)合理使用开放式混合模型实现保单分类

开放式混合模型不仅可以充分挖掘各种因素的影响,尤其是可以挖掘不可观测因素的影响,而且其给出的保单的纵向分类模式(见表6-4),使每类具有更合乎实际的解释。首先,保险实务中,保单的风险强度除了受一些性别、年龄等可观测因素的影响,还受被保险人的反应速度、驾驶习惯、车辆的隐形损伤等一些不可观测因素的影响,这使得根据影响因素对保单实现风险分类变得复杂甚至不可行。而开放式混合模型可以识别数据的多样风险特征,从而实现基于所有影响因素的保单分类。其次,根据混合模型实现的分类更符合实际情形,其打破了截断式保单分类的旧例,实现纵向分类的模式,对实务情形给出了更合理的刻画,即在低风险类仍然会发生索赔,只是其相应概率会低很多,而一般风险类也存在大量不发生索赔的保单,显然这才符合实际索赔风险发生的规律。

(二)采用主成分降维的方式设置精简的影响结构

主成分分析法既可以保留所有影响因素的主要原始信息,又可以实现降维,同时还避免了信息重复等问题。首先,索赔风险受众多因素的影响,有些因素可能因为影响较小而没有通过显著性检验,最终被剔除,这造成一定的信息损失,而主成分分析法保留了所有因素的绝大部分原始信息。其次,对产险公司来说,复杂的定价系统可能造成人力成本的增加,因此产险公司在根据自身经营特征进行自主定价的过程中,可以考虑采用主成分分析等降维方法对众多的影响因素降维,达到既充分考虑各种因素的影响,又简化了定价系统的目的。

(三)根据不同因素的影响强度设定费率调整系数

不同保单类的主要影响因素及其影响强度是不同的,车险定价时应在不同风险类中根据其影响因素及影响程度的不同设定不同的折扣范围,即分别给出不同风险类中影响因素的费率调整系数。根据表6-5给出的结果,低风险类因其稳定性更高可以适当给出更多的折扣,并且对从人和从车因素1给出更大调整权限;而一般风险类因其对影响因素更强的敏感性需要加大惩罚,以达到控制风险的目的,并对从地区因素和从车因素1给出更大调整权限;异常风险类数据量极少,但是风险很高,可逐单重点关注。为给出更具体的说明,根据本章分析的第三责任险数据的结果(见表6-5),即风险类别的划分和影响因子在不同类别中的表现,给出定价的费率调整系数建议(见表6-6)。本章受数据的限制,未能引入性别、婚姻状况和受教育程度等相关因素,因此表6-6中的费率调整系数仅用于反映其设定的趋势,而实际调整系数需要根据产险公司的实际数据来确定。

表6-6 不同风险保单类中不同影响因素的费率调整系数

风险分类	影响因素			
	X_1	X_2	X_3	X_4
低风险类	0.7~1.01	0.6~1.1	0.5~1.15	1
一般风险类	0.65~1.25	0.7~1.2	0.6~1.3	0.9~1.01

(四)根据保单类的风险等级及影响因素实现分类定价

基于风险分类和费率调整系数的设定结果(见表6-3和表6-6),本章给出新保单的定价建议。先是,判定其风险等级,确定保单类别。假如一份新保单已有赔付记录,可根据其平均年发生次数与已估计的风险强度(见表6-5第2列)的差异大小来判定其风险等级,显然保单属于与其风险差异最小的那类。如果是全新保单,可以选同类保单的平均年发生次数作为其风险强度的估计并判断其风险等级。接着,确定其费率调整系数。新保单的不同影响因素处于不同水平,显然不同水平对风险强度的影响不同,根据每个影响因素所处的水平可以确定其折扣程度,从而给出保单的分类定价。

在车险综合改革背景下,做好客户细分是实现产品创新和合理定价的基础,产险公司应根据自身的客户群体,不断挖掘客户需求,为不同的客户群体提供更多的个性化产品和针对性的服务,提升自身产品的竞争力,从而在车险综合改革中为自身提供更为广阔的发展空间。

第七章　风险分类模型及其应用

　　未决准备金估计是保险研究的一个重要议题。传统的准备金估计方法主要基于流量三角形,通过稳定的发展因子预测未决赔款准备金。流量三角形中近期事故的准备金是未决赔款准备金中最大的部分,其受发展因子的影响也是最显著的,因此所有发展因子的稳定性对近期未决赔款准备金的估计尤为重要。但由于大额赔付的影响,发展因子的稳定性受到很大挑战;其次,由于保单生效日期的不同,近期事故的暴露单位一般不同,相应赔付额度也将不同,但传统的准备金估计方法基本不考虑暴露单位的影响。为解决上述问题,本章第一节梳理了未决准备金的研究文献,提出研究目的。第二节建立了风险分类模型,提出一种近期未决赔款准备金估计方法,充分利用个体保单的赔付额和暴露单位信息,将保单按风险强度分类,避免由于赔付额差异大造成的准备金预测不准确等问题,并进一步给出保单组的未决赔款准备金汇总方法;第三节基于一组车险的索赔数据,比较了经典方法和本章提出的新方法在近期未决赔款准备金估计上的表现,说明新方法的可行性和有效性;第四节基于这些研究和实践方法,给出一系列关于未决准备金评估的建议。

第一节　引言

　　保险公司为承保保单已经发生但还没有结案的事故所做的资金准备称为未决赔款准备金。由于赔付延迟的存在,这些未结案事故往往发生在过去几年。一般来说,事故发生得越久,已完成的赔付越多,未决责任越少。相反,评估年当期发生的事故,仅在当年完成了部分赔款,未来未尽责任最大,这即本章研究的近期未决赔款准备金。

国际会计准则理事会于 2020 年 6 月 25 日发布了修订版《国际财务报告准则第 17 号——保险合同》(IFRS 17),生效日期为 2023 年 1 月 1 日,其要求各实体从保单组合中识别相似风险的保单,以便分组优化管理。在保险实务中,当保单在风险上存在异质性时,保险公司需要基于个体保单识别其风险水平,因此需要解决如何基于个体保单风险实现保单分组的问题。准备金估计是为保险公司承保的大量保单在未来可能发生的赔付所做的资金准备,是未来大量赔款额的汇总值,从而需要解决采用什么方式实现从个体保单到保单组的赔款汇总问题。

在准备金估计方面,常见的基于流量三角形的链梯法(孟生旺,2007)按年度分组保单并汇总赔款数据。年度分组方法主要关注事故年和发展年的影响,汇总同一年度的赔付次数和赔付额。但这类分组方法比较粗糙,不能区分保单的风险水平,造成发展因子的不稳定,即当保单风险存在较大差异时,大额赔款(Verdonck et al.,2009)容易造成发展因子估计的不准确,从而影响未来准备金预测。尤其是近期未决赔款准备金,因为越近期(流量三角形左下方部分)的保单未完成的赔付责任越大,其预测采用的发展因子越多,对发展因子稳定性的要求越高。为解决这一问题,一般采用均值或中位数替换大额数值的方式改善其影响(段白鸽 等,2015;闫春 等,2015),但当所有大额赔款都被这样缩小化处理后,未决赔款准备金将被低估,因为未来存在发生大额赔付的可能。近些年还出现了少量采用分类方法的文献,Riegel(2014,2016)基于个体赔案的赔款额大小将保单分为两类——小额赔付和大额赔付,实现保单的分组,并分别利用链梯法估计未决赔款准备金,显然这改善了发展因子的不稳定性。但对于近期赔案,其大额赔付大部分还未发生,这给分组带来了麻烦。Gütschow(2018)假设大额赔付次数也具有一定的发展稳定性,建立流量三角形预测未来的大额赔款次数,基于这个估计将保单分类。但这些研究划分大额和小额赔付时借助一个事先给定的阈值进行分组,阈值的确定比较主观;其次,大额赔付的样本量一般较少,相应发展因子的稳定性假设也面临极大挑战,显然这将进一步影响近期未决赔款准备金估计的准确性。

基于年度汇总数据的链梯法主要关注累积事故数和累积赔款额,这造成保单信息的损失,比如与之密切相关的已暴露单位。保险实务中,不同保单的生效日不同,因此近期保单在评估日的已暴露风险单位不同,见图 7-1。

图 7-1 展示了六份一年期保单在一个评估年内的已暴露风险单位的分布情况,这些保单在评估年度已暴露的风险单位数均不同,且差异较大。假如这些保单在该年度分别发生一次事故,链梯法将把它们看作风险相同的保单,均按一次事故汇总到年度数据,但这显然不合理,比如第 1 份保单在很短暴露单位(τ_1)内发生了一次事故,而第 5 份保单在一个完整暴露单位发生了一次事故,这两份保单的风险可能有较大差别。因此结合已暴露风险单位刻画保单的赔付将是更为合理的方式,本章将已暴露风险单位引入模型,优化未决赔款准备金的估计。

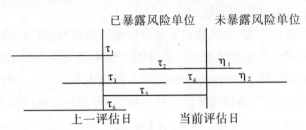

图 7-1 六份一年期保单风险单位的分布

为刻画已暴露风险单位对保单累积赔付的影响,Arjas(1989)、Norberg (1993,1999)等最早提出利用泊松过程刻画个体保单的已发生事故数 $N(t) \sim Pois(\lambda t)$,即事故的发生次数受保单自身风险强度(λ)和已暴露风险单位(t)共同影响。基于这些已有工作,Antonio 和 Plat(2014)研究累积赔付额 $S(t) = \sum_{k=1}^{N(t)} X_k$,即个体保单已暴露风险单位(t)引起的累积赔付额。对已暴露单位而言,累积赔付额是确定的,只是由于报告和赔付延迟的存在,保险公司未能及时掌握。本章以 $S(t)$ 表示个体保单的风险水平,其风险强度用 λ 表示。保单组合中不同保单的风险水平可能不同,引入 λ_m 表示第 m 类保单的风险强度,从而基于风险强度的不同实现保单分组。

经典的准备金评估方法要求发展因子必须是稳定的,但当不同保单的赔付差异较大时,其稳定性受到挑战,由于近期未决赔款准备金受所有发展因子的累积值影响,故发展因子的稳定性对近期未决赔款准备金估计的准确性影响最大。为解决这类问题,部分学者建议基于个体保单的赔付规模进行保单分组,以此减少组内赔付金额之间的差异。保险实务中,近期保单的已暴露风险单位大多不同,一般来说,已暴露风险单位越长,可能产生的赔付越大,因此对个体保单赔付的刻画需要同时考虑已暴露风险单位的影响,本章结合已暴露风险单位表述个体保单的累积赔付,以累积赔付代表个体保单的风险水平,以风险强度参数的不同划分保单类别。另外,本章进一步给出了不同类别保单累积赔付的汇总方式,从而可得近期保单的所有赔付,其减去保险公司针对这些保单事故的已赔付额,即可得未决赔款准备金。简而言之,本章给出了一种区别于经典准备金评估的方法,新方法不再基于发展因子,而是基于个体保单的风险水平和已暴露风险单位预测保单的总赔付和未决赔款准备金。

第二节　风险分类模型

本章的近期未决赔款准备金可以看作经典流量三角形中最近事故年的未决赔款准备金,即当前评估年度暴露风险单位所对应的未决责任。为后续研究的方便,本章首先给出相关的符号说明和假设。

一、模型的假设和符号说明

假设某保单已暴露风险单位为 t ,在这段暴露期内,该保单可能发生的事故数为 $N(t)$,其中第 k 次事故的赔付额为 X_k , $k = 1,\cdots,N(t)$,则保单的累积赔付为 $S(t) = \sum_{k=1}^{N(t)} X_k$,假设:

(一) $N(t)$ 和 X_k 相互独立;

(二)不同保单的事故发生数和赔付额均相互独立;

(三) $N(t)$ 服从泊松过程, X_k 服从指数分布。

基于这些假设建立本章的风险分类模型,并进一步给出未决赔款准备金的估计方法。

二、模型的建立

为避免由于风险水平差异造成准备金估计不准确的问题,将根据个体保单的风险水平进行分类,本章采用个体保单的累积赔付额作为风险水平,根据其风险强度的不同,将个体保单分为 M 类,其中第 m 类保单的风险强度为 λ_m , $m = 1,\cdots,M$,那么第 m 类中个体保单的累积赔付可表示为 $S_m(t) = \sum_{k=1}^{N_m(t)} X_k$,其中 $N_m(t) \sim Pois(\lambda_m t)$ 。保单组合中任意个体保单的累积赔款额

分布为 $f_{S(t)}(y) = \sum_{m=1}^{M} \pi_m f_{S_m(t)}(y)$，其中 $\pi_m \geqslant 0$，表示保单属于第 m 类的概率，$\sum_{m=1}^{M} \pi_m = 1$ 表示保单属于且只属于其中某一类。基于上述假设，已暴露风险单位为 t 的个体保单，其累积赔付额 $S(t)$ 的概率密度函数可表示为

$$f_{S(t)}(y) = \sum_{m=1}^{M} \pi_m \sum_{k=0}^{\infty} \frac{(\lambda_m t)^k e^{-\lambda_m t}}{k!} \frac{y^{k-1} e^{-y/\theta}}{\theta^k (k-1)!}$$

显然该模型是将多个不同风险强度的累积赔付分布以加权的方式形成混合分布（殷崔红 等，2019），每个分布代表一类风险，其风险强度为 $\lambda_m, m = 1, \cdots, M$，从而该模型根据风险强度的不同将保单分类表达，因此本章将该模型称为风险分类模型。

风险分类模型中的待估参数包括：混合数 M（殷崔红 等，2021），混合权重参数 $\pi = (\pi_1, \cdots, \pi_M)$，分量分布的风险强度参数 $\lambda = (\lambda_1, \cdots, \lambda_M)$。本章中保单的赔款额 $S(t)$ 表示保单在有效期 t 内发生了 $S(t)$ 赔款，因此假设有 n 份保单发生了赔付，则观测到的样本为 $(\tau, y) = ((\tau_1, y_1), (\tau_2, y_2), \cdots, (\tau_n, y_n))$，其中 τ_i 表示第 i 份保单在某事故年的已暴露风险单位，y_i 表示第 i 份保单在该暴露单位内的赔款额。显然这些观测样本为非零赔付，风险暴露为 t 的保单其非零累积赔付额记为 $S^+ = S(t) \mid S(t) > 0$，分布为

$$f_{S^+}(y) = \frac{1}{q_0^*} \sum_{m=1}^{M} \pi_m \sum_{k=1}^{\infty} \frac{(\lambda_m t)^k e^{-\lambda_m t}}{k!} \frac{y^{k-1} e^{-y/\theta}}{\theta^k (k-1)!} \qquad (7\text{-}1)$$

其中 $q_0^* = 1 - \sum_{m=1}^{M} \pi_m e^{-\lambda_m t}$。基于这些样本，本章将采用 EM 算法（Mclachlan et al., 2007；Yin et al., 2016）给出参数估计（详细过程见附录 A 中的参数估计推导过程——EM 算法）。若所有保单数为 n，估计值的意义分别为：n 份保单按风险水平最终分为 $\hat{M}$ 类，第 m 类的权重为 $\hat{\pi}_m$，$m = 1, 2, \cdots, \hat{M}$，那么风险强度为 $\hat{\lambda}_m$ 的保单共 $\omega_m \triangleq n \cdot \hat{\pi}_m$ 份，显然有 $\omega_1 + \cdots + \omega_{\hat{M}} = n$，即所有保单都被分到了其中的某一类中，从而保单按其风险水平的不同完成了分组。

三、准备金汇总

根据已暴露风险单位发生的累积赔款额的大小表述赔付风险的大小，显然历史投保记录越多，对赔付风险的分类和估计将越准确，因此保单分类可根据标的物所有历史投保记录的赔付展开，但是对准备金的汇总评估则主要关注最近几年未结案保单。采用更多赔付记录的方式除了可以充分挖

掘历史数据的信息外,也便于估计已发生未报案的未决赔款准备金。比如当前有效期内的保单,在本期可能未收到索赔要求,但是它的分类是根据历史投保期的赔付进行的,因此其准备金将根据风险分类和当前投保期的已暴露风险单位来估计。

风险分类模型已完成保单分组,即基于个体保单的风险水平 $S(t)$ 将 n 份保单分为 $\hat{M}$ 类,其中第 m 类包含保单 ω_m 份,这些保单具有相同的风险强度 $\hat{\lambda}_m$,根据泊松过程的性质和独立性假设,其相应的已暴露风险单位可以直接汇总为 $\sum_{i=1}^{\omega_m} \tau_{m,i}$,其中 $\tau_{m,i}$ 表示 m 类保单中第 i 份保单的已暴露风险单位,第 m 类中所有保单的总风险参数为 $\hat{\lambda}_m \cdot \sum_{i=1}^{\omega_m} \tau_{m,i}$,汇总 $\hat{M}$ 类保单总的风险参数为 $\sum_{m=1}^{\hat{M}} \hat{\lambda}_m \sum_{i=1}^{\omega_m} \tau_{m,i}$,从而 n 份保单的已暴露风险单位分别为 $\tau = (\tau_{1,1}, \cdots, \tau_{1,\omega_1}, \tau_{2,1}, \cdots, \tau_{2,\omega_2}, \cdots, \tau_{\hat{M},1}, \cdots, \tau_{\hat{M},\omega_{\hat{M}}})$ 时,相应的累积赔付额 $S(\tau)$ 的概率密度函数为

$$f_{S(\tau)} = \sum_{k=0}^{\infty} \frac{\left(\sum_{m=1}^{\hat{M}} \hat{\lambda}_m \sum_{i=1}^{\omega_m} \tau_{m,i}\right)^k e^{-\sum_{m=1}^{\hat{M}} \hat{\lambda}_m \sum_{i=1}^{\omega_m} \tau_{m,i}}}{k!} \frac{y^{k-1} e^{-y/\theta}}{\theta^k (k-1)!} \tag{7-2}$$

式(7-2)给出风险强度和已暴露风险单位均可能不同的一组保单,其可能发生的总赔付额的分布,这是本章赔付汇总方式上的创新。即不再基于年度直接汇总个体保单的赔付额,而是基于个体保单的风险强度和已暴露风险单位数汇总风险参数,从而进一步获得保单组合的累积赔付。虽然该累积赔付 $S(\tau)$ 的概率密度函数[式(7-2)]表达式为无穷级数的和,但基于本章的假设,可给出其原点矩的显示表达,其 r 阶原点矩(Withers 和 Nadarajah,2011)可表示为

$$ES^r = \theta^r B_r\left(\sum_{m=1}^{M} \lambda_m \sum_{i=1}^{\omega_m} \tau_{m,i}, 2! \sum_{m=1}^{M} \lambda_m \sum_{i=1}^{\omega_m} \tau_{m,i}, \cdots, r! \sum_{m=1}^{M} \lambda_m \sum_{i=1}^{\omega_m} \tau_{m,i}\right)$$
$$\tag{7-3}$$

其中 $B_r(x_1, \cdots, x_r)$ 为完全指数型贝尔多项式。

为说明准备金的估计,本章假设截至评估日,保险公司已经为该组保单支付的累积赔付额为 a,则未决赔款准备金为 $R(\tau) = S(\tau) - a$,其数字特征分别为

$$ER = ES - a$$
$$Var(R) = Var(S) = ES^2 - (ES)^2 \qquad (7\text{-}4)$$

基于式(7-3)的结果,未决赔款准备金的期望和方差都很容易估计得到,期望值为未决赔款准备金的点估计值,方差说明该估计的稳定性,这是该方法优于经典未决赔款准备金估计的又一特征,因为经典准备金估计法不能给出估计的稳定性说明。

传统链梯法数据按事故年进行汇总,即将赔款额按事故发生年度进行汇总。本章建议的风险分类模型实际也是按事故年汇总,因为只有保单有效期内发生的事故才是保险的赔付责任,只是本章在汇总事故年的赔款额时,将保单有效期根据其所处的事故年不同而进行切割,这样可同时说明赔款额在该事故年内多长的有效期内发生了这一索赔,因此观测值为 $(\tau, y) = ((\tau_1, y_1), (\tau_2, y_2), \cdots, (\tau_n, y_n))$,即保单的风险不仅借助于赔款额度的大小来刻画,还与在多长有效期内发生这一损失有关,这是风险分类模型微观化的重要意义之一。

当然,式(7-2)同样适用于非近期未决赔款准备金的估计。就一年期车险而言,非近期准备金的有效期都已经结束,因此其风险分类和有效期的分类汇总都已经完成,后续只需要根据每年的已付额度来调整未决赔款准备金即可。

第三节　实例分析

一、数据来源及基本信息

为说明模型的实用性,本章将模型用于某车险公司一年期商业车险索赔数据的分析,选取的保单至少发生一次非零索赔,其生效日均为 2010 年,保单总数为 10 685 份,共发生索赔案件数 14 920 件,赔付观察期为 2010 年 1 月 1 日至 2015 年 12 月 31 日,本章假设这 6 年的观察期已完整的给出所有的赔付,即所有索赔案件已结案。由于大部分保单的生效日是不同的,2010 年生效的一年期保单,其风险暴露分布在 2010 和 2011 两个年度。截至 2010 年 12 月 31 日,这些保单的已暴露风险单位为 6 224.52 车年,未暴露风险单位 4 460.48 车年。暴露风险单位的规模会直接影响保单的索赔案件数和累积赔款金额,见表 7-1。保单在 2010 年暴露 6 224.52 车年共造成 8 216

索赔案件,其中 6 722 索赔案在当年完成了赔付,剩余 1 494 存在赔付延迟,但这些占比不大的延迟案件却产生了约为 41.08% 的赔款额延迟赔付,未决赔款准备金即为这些延迟赔付所做的准备。另外,这些保单在 2011 年暴露的风险单位比 2010 年要少一些,相应的索赔案件数和累积赔款额也比 2010 的少,这充分说明暴露单位的规模对保单的赔付规模有显著的影响。

已有研究对保单风险的刻画主要采用索赔频率、案均赔款和赔付强度等指标,表 7-1 列出保单在 2010 和 2011 年度这些风险指标值均略有不同,比如赔付强度差约为 5%,这可能是季节因素引起的。本章 1 年期保单的有效期横跨 2010—2011 年度,因此大部分保单在 2010 年度落入秋冬季,而在 2011 年则主要落入春夏季。本章后续将基于 2010 年度暴露的风险单位发生的赔付数据估计模型的参数,并基于其结果预测 2011 年度暴露风险单位的赔付,由季节因素造成的 5% 的赔付强度差也将被纳入考虑。

表 7-1 数据基本信息

年份	2010 年度	2011 年度
风险暴露	6 224.52 车年	4 460.48 车年
索赔案件数	8 216(已结案 6 722,未结案 1 494)	6 704
索赔频率	1.32 次/车年	1.50 次/车年
累积赔款额	19 949 868.5 元 (已赔付 11 737 544.32 元,未赔付 8 212 324.18 元)	15 007 607.08 元
案均赔款	2 428.17 元/次	2 238.60 元/次
赔付强度	3 205.05 元/车年	3 364.57 元/车年

二、风险分类

为反映保单的风险水平,本章将同一保单的所有赔案的赔付额汇总为保单的累积赔付额,所有这些赔付都是基于 1 个车年单位产生的,本章将首先基于保单的累积赔付额将其进行分类,模型见式(7-1),采用 EM 算法估计模型的参数,估算结果见表 7-2。

表 7-2　模型的参数估计值

待估参数	模型的估计值
混合数	$\hat{M} = 5$
权重参数	$\hat{\pi} = (0.846, 0.095, 0.039, 0.014, 0.006)$
强度参数	$\hat{\lambda} = (4.144, 20.326, 53.032, 111.319, 220.869)$
尺度参数	$\hat{\theta} = 318.038$

从表 7-2 的估计结果可以看出,所有保单被分为五类,不同类别有不同的权重和强度参数。由于其采用相同的尺度参数,不同类别将由强度参数来区别,风险最低的强度参数为 4.144,风险最高的强度参数为 220.869,显然不同类别的风险强度差别比较明显。权重参数则表示保单在不同类别中的分布情况,比如在第 1 类中,保单占比为 84.6%,而第 5 类保单占比仅为 0.6%,显然不同类别保单量的差距巨大,保单类别随着风险强度的增加,其所包含的保单数会迅速减少。但最终可能引起的赔付相对差异不大,见表 7-3,高风险类别相应的赔款总额不容忽视,比如第 5 类中,保单数仅占 0.6%,即仅有 37 份保单却产生了 12.4% 的赔款金额,这说明高风险保单数量很少却能产生很大占比的赔款,因此大额赔付不可忽略。

表 7-3 给出不同类别保单最终引起的赔款总额,第二列和第三列分别给出各别类的实际和估计的赔款总额,两列数据差距甚微,说明本章模型可以很好地拟合保单的实际赔款额。不同类别除保单量和风险强度上有显著不同,在延迟赔付上的规律是否也不同? 本章沿用传统的发展因子来刻画这一规律,采用 2010 年发生的事故在 2010—2015 年的赔付数据,结合表 7-3 的保单分类结果,给出保单分类前后发展因子的估计,结果见表 7-4。

表 7-3　不同类别的赔款额(元)

类别	实际赔款总额	估计赔款总额
1	11 655 340(33.3%)	11 920 904
2	6 562 452(18.8%)	6 316 877
3	7 120 007(20.4%)	7 034 034
4	5 287 674(15.1%)	5 235 752
5	4 332 003(12.4%)	4 266 283
总计	34 957 476	34 775 850

表 7-4 最后一行的不分类表示所有保单不进行分类,即看作一类,经典的准备金估计方式都是将保单看作一类,其相应发展因子即为经典方法的估计结果。所有 2010 年发生的事故,在 2015 年度均未观测到任何赔付,故 2014—2015 年的发展因子为 1,这也可以看出,车险为短期业务,其延迟赔付的时期不会太长。

本章模型已将保单分为了 5 类,表 7-4 中不同类别的发展因子有较大不同,这主要是因为随着风险强度的增加,保单赔付额度也不断增加,其相应延迟赔付的情况会越来越严重。从数值来看,在不同发展年高风险类比低风险类的发展因子都更大;从赔款额度来看,第 1 类有 16.7% 的赔款是延迟赔付的,而第 5 类则有 81.5% 的赔款是延迟赔付的,显然两者差距巨大;从延迟时长来看,第 1 类延迟 1 年就基本付完,而第 5 类延迟 4 年才基本付完。不同类别在发展因子上的这些不同规律,说明了保单分类的必要性。本章研究仅采用 1 万份保单的数据,高风险类的保单更是少之又少,因此这些发展因子估计值的参考价值有待提高,但其反映出的基本规律是符合实际的。

表 7-4　不同类别的发展因子

类别	2010—2011	2011—2012	2012—2013	2013—2014	2014—2015	累积因子
1	1.194 7	1.005 4	1.000 1	1.000 4	1.000 0	1.201 8
2	1.389 0	1.020 4	1.003 1	1.000 0	1.000 0	1.421 8
3	1.923 7	1.035 0	1.006 8	1.005 0	1.000 0	2.014 5
4	2.370 9	1.069 4	1.045 6	1.013 7	1.000 0	2.687 3
5	4.240 3	1.366	1.054 9	1.051 1	1.000 0	5.398 9
不分类	1.566 8	1.056 5	1.015 6	1.009 5	1.000 0	1.697 1

三、近期未决赔款准备金估计

为进行比较,本章将给出 2011 年发生事故的近期未决赔款准备金估计的三种方法:基于表 7-4 的发展因子给出保单不分类(Ⅰ)、保单分类(Ⅱ)两种方法,以及基于式(7-2)和式(7-3)的风险分类模型(Ⅲ),估计结果见表 7-5。

表 7-5　利用发展因子所得近期未决赔款准备金估计（元）

类别	2011 年发生已赔额	2011 年暴露（车年）	近期未决赔款准备金（I、II）	近期未决赔款准备金（III）
不分类	13 117 077	4 460.48	9 143 914（I）	–
1	5 329 229	3 789.88	1 075 438	–84 616
2	2 605 544	403.58	1 099 018	133 790
3	2 814 379	181.13	2 855 187	393 321
4	1 551 911	65.52	2 618 538	883 639
5	816 014	20.23	3 589 564	675 898
总计	13 117 077	4 460.48	11 237 747（II）	2 002 031（III）

保单在 2011 年的暴露风险单位产生了一系列索赔，到 2011 年底，已完成一部分赔付，见表 7-5 第 2 列，基于这些当期赔付额，预测其未决赔款准备金，这在传统的流量三角形中属于最近 1 期的未决赔款准备金，即本章所研究的近期未决赔款准备金。这些索赔在 2012—2016 年的实际赔付额值为 1 890 530 元，显然本章建议的模型方法（III）的估计结果与这一真实值最接近，基于式（7-4）进一步计算得出其方差为 9.16e+09，而方法（I）和（II）的结果与实际值差距很大，这主要是因为这两种方法都是基于发展因子得来的估计，但本章采用数据的样本量不大，很难获得稳定的发展因子，这也说明该类方法对发展因子稳定性的要求很高。

第四节　结论与建议

一、准备金分类评估的研究结论

近期未决赔款准备金是未决赔款准备金估计中数额最大且估值稳定性最差的部分，这主要是因为其估计值受流量三角形中所有发展因子形成的累积值影响，即要想其估计值相对准确需要所有发展因子满足稳定性，而样本量和异常值是发展因子稳定性的最大挑战。因此本章基于个体保单的累积赔付额建立了一个风险分类模型［式（7-1）］，将累积赔付额相近的保单分为一类，比如额度较低的分为一类，额度很大（尤其是异常值）的分为一类,这样就降低了异常值的影响,在一定程度上保障了发展因子的稳定性。另外,不同类别的准备金需要汇总,本章给出了一种基于个体保单的汇总方式[式(7-2)],而式(7-4)进一步给出了未决赔款准备金的期望和方差,分别说明其估值水平和估计的稳定性。

为说明模型的实用性和有效性,本章分析了一组汽车商业综合险的索赔数据,基于其1年期发生事故的赔款额将保单分为5类,不同类别保单的赔付强度有明显不同,见表7-2中强度参数的不同,而且其在样本量上的差距也非常明显,见权重参数的估计;而表7-3则说明不同类别在赔付额度上的占比都不低,因此每个类别都需要被重视;表7-4说明不同类别在赔付规律上的不同,风险越高的类别,其累积发展因子越大,延迟赔付期越长。从这些结果可以看出,不同类别保单在赔付强度、赔付规律等方面都存在明显的不同,因此将保单分类研究有客观的必要性。最后表7-5给出三种近期未决赔款准备金的估计结果,与最终的实际赔付额相比,本章建议的风险分类模型(III)的估计结果是最优的,而且其还进一步给出了方差的估计,说明了估计值的稳定性。

二、准备金分类评估的建议

基于以上分析,本章对近期未决赔款准备金的估计给出一些可参考的建议:

(一)基于保单的赔付强度实现保单分类

如果保单是续保保单,可以根据其历史赔付数据判断其类别,本章即采用此方法;如果是新保单,可以考虑根据其承保信息判断其类别,该方法将类似于保单定价,这部分将在后续研究中进一步展开。

(二)充分利用已暴露风险单位信息

传统的未决赔款准备金估计方法基本不考虑已暴露风险单位的影响,但实务中,一般来说,风险单位暴露时间越长,发生的事故越多,相应未决责任越大。为刻画这一信息的影响,本章将其引入模型,在参数估计和准备金汇总中均引入了已暴露风险单位信息,表7-5给出的近期未决赔款准备金(III)的估计与真实值最接近,这说明这种建模方式的有效性。

(三)充分考虑保单量的影响

本章虽然讨论在未决赔款准备金估计中保单分类的必要性,但当保单量不足时,分类后各类别保单量将更少,这将影响各类别参数的估计,因此在保单量不足时,应减少分类类别,以保证各类别估计的准确性。

（四）量化未决赔款准备金估计的稳定性

经典的未决赔款准备金估计是非参数估计法,只能给出其点估计值。本章对未决赔款准备金采用理论分布表达[式(7-2)],属于参数估计方法,不仅可以给出其估计值,还可以给出估计的稳定性指标方差[式(7-4)],这是本章模型的又一重要意义。

准备金估计的准确性对保证保险公司稳健经营和偿付能力充足,以及保护被保险人利益等都有着重要作用。本章为改善赔付差异大对未决赔款准备金估计的负面影响,提出了一种基于个体保单的分类估计的方法,并将其用于近期未决赔款准备金估计。实际上,该方法可以用于一切未决赔款准备金和未到期准备金的评估,受数据所限,本章只讨论了其在近期未决赔款准备金估计中的应用。

附录 A 参数估计推导过程——EM 算法

基于正文中式(7-1)的密度函数表达式,为利用已观测的非零样本,进一步推出 $S(t) > 0$ 的概率密度函数

$$
\begin{aligned}
f_{S^+}(y) &= \sum_{m=1}^{M} \pi_m \frac{1}{q_0^*} \sum_{k=1}^{\infty} \frac{(\lambda_m t)^k e^{-\lambda_m t}}{k!} \frac{y^{k-1} e^{-y/\theta}}{\theta^k (k-1)!} \\
&= \sum_{m=1}^{M} \pi_m \frac{1}{q_0^*} y^{-1} e^{-\lambda_m t} e^{-y/\theta} \gamma\left(\frac{\lambda_m y t}{\theta}\right) \\
&= \sum_{m=1}^{M} \pi_m \frac{1 - e^{-\lambda_m t}}{q_0^*} \frac{1}{1 - e^{-\lambda_m t}} y^{-1} e^{-\lambda_m t} e^{-y/\theta} \gamma\left(\frac{\lambda_m y t}{\theta}\right) \\
&= \sum_{m=1}^{M} \alpha_m \frac{e^{-\lambda_m t}}{1 - e^{-\lambda_m t}} y^{-1} e^{-y/\theta} \gamma\left(\frac{\lambda_m y t}{\theta}\right) \qquad\qquad (f1)
\end{aligned}
$$

式(f1)的所有参数表示为 $\varphi = (\lambda, \alpha, \theta)$. 设给定 n 个样本,每个样本包含已过有效期和相应期限内的非零赔款额,记为 $(\tau, y) = ((\tau_1, y_1), (\tau_2, y_2), \cdots, (\tau_n, y_n))$,从而其似然函数为

$$
L(\varphi \mid (\tau, y)) = \Pi_{j=1}^{n} f_{S^+}(y_j) = \Pi_{j=1}^{n} \sum_{m=1}^{M} \alpha_m \frac{e^{-\lambda_m \tau_j}}{1 - e^{-\lambda_m \tau_j}} \frac{1}{y_j} e^{-y_j/\theta} \gamma\left(\frac{\lambda_m y_j \tau_j}{\theta}\right)
$$

为应用 EM 算法进行参数估计,引入示性变量 $Z = (Z_1, \cdots, Z_n)$,其中 $Z_j = (Z_{jm} \mid j = 1, \cdots, n, m = 1, \cdots, M)$,

$$
Z_{jm} = \begin{cases} 1 & \text{当 } y_j \text{ 来自第 m 个分量密度函数} \\ 0 & \text{其他} \end{cases}
$$

则含示性变量的样本 (τ, y, Z) 的似然函数为

$$
L(\varphi \mid (\tau, y, Z)) = \prod_{j=1}^{n} \prod_{m=1}^{M} \left[\frac{1}{1 - e^{-\lambda_m \tau_j}} \frac{1}{y_j} \alpha_m e^{-\lambda_m \tau_j} e^{-y_j/\theta} \gamma\left(\frac{\lambda_m y_j \tau_j}{\theta}\right) \right]^{z_{jm}}
$$

其对数似然函数为

$$
\begin{aligned}
l(\varphi \mid (\tau, y, Z)) = \sum_{j=1}^{n} \sum_{m=1}^{M} Z_{jm} \Big[&\log\alpha_m - \lambda_m \tau_j - \frac{y_j}{\theta} + \log\gamma\left(\frac{\lambda_m y_j \tau_j}{\theta}\right) - \log y_j \\
&- \log(1 - e^{-\lambda_m \tau_j}) \Big] - n \sum_{m=1}^{M} P_{\varepsilon, \kappa}(\alpha_m)
\end{aligned}
$$

$P_{\varepsilon,\kappa}(\alpha_m)$ 为 iSCAD 惩罚函数。假设第 k 次迭代的估计值为 $\varphi^{(k)} = (\lambda^{(k)}, \alpha^{(k)}, \theta^{(k)})$,则

E-步:

$$q(m \mid y_j, \varphi^{(k)}) = \frac{\alpha_m^{(k)} e^{-\lambda_m^{(k)}\tau_j} e^{-y_j/\theta^{(k)}} \gamma\left(\frac{\lambda_m^{(k)} y_j \tau_j}{\theta^{(k)}}\right)}{\sum_{m=1}^{M} \alpha_m^{(k)} e^{-\lambda_m^{(k)}\tau_j} e^{-y_j/\theta^{(k)}} \gamma\left(\frac{\lambda_m^{(k)} y_j \tau_j}{\theta^{(k)}}\right)}$$

其中 $q(m \mid y_j, \varphi^{(k)})$ 表示样本 y_j 来自第 m 个分量分布的概率,记 $\bar{q}_m^{(k)} \triangleq$

$\dfrac{\sum_{j=1}^{n} q(m \mid y_j, \varphi^{(k)})}{n}$,即所有来自第 m 分量分布的样本的频率。

M-步:

基于 E-步的结果,进一步给出第 $(k+1)$ 次迭代中不同参数的估计。其中权重参数的估计为

$$\hat{\alpha}_m^{(k+1)} = \bar{q}_j^{(k)} I(\bar{q}_j^{(k)} > a\kappa) + \frac{M}{\kappa}(\bar{q}_j^{(k)} - \kappa)_+ I(\bar{q}_m^{(k)} \leqslant a\kappa)$$

参数 λ_m 的估计为

$$W_m(\varphi^{(k)}) = \lambda_m^{(k+1)} \bar{\tau}_m^{(k)}$$

其中 $W_m(\varphi^{(k)}) = \dfrac{\sum_{j=1}^{n} q(m \mid y_j, \varphi^{(k)}) \dfrac{\lambda_m^{(k)} y_j \tau_j}{\theta^{(k)}} \gamma'\left(\frac{\lambda_m^{(k)} y_j \tau_j}{\theta^{(k)}}\right) / \gamma\left(\frac{\lambda_m^{(k)} y_j \tau_j}{\theta^{(k)}}\right)}{\sum_{j=1}^{n} q(m \mid y_j)}$

$$\tag{f2}$$

$$\bar{\tau}_m = \frac{\sum_{j=1}^{n} q(m \mid y_j \tau_j, \varphi^{(k)}) \dfrac{e^{-\lambda_m^{(k)}\tau_j}}{1 - e^{-\lambda_m^{(k)}\tau_j}}}{\sum_{j=1}^{n} q(m \mid y_j)} \tag{f3}$$

参数 θ 的估计为

$$\hat{\theta}^{(k+1)} = \frac{\sum_{m=1}^{M} \sum_{j=1}^{n} q(m \mid y_j, \varphi^{(k)}) y_j}{\sum_{m=1}^{M} \sum_{j=1}^{n} q(m \mid y_j, \varphi^{(k)}) \dfrac{\lambda_m^{(k)} y_j \tau_j}{\theta^{(k)}} \gamma'\left(\frac{\lambda_m^{(k)} y_j \tau_j}{\theta^{(k)}}\right) / \gamma\left(\frac{\lambda_m^{(k)} y_j \tau_j}{\theta^{(k)}}\right)} = \frac{W^*(\varphi^{(k)})}{}$$

其中 $W^*(\varphi^{(k)}) = \sum_{m=1}^{M} \dfrac{\sum_{j=1}^{n} q(m \mid y_j, \varphi^{(k)})}{n} W_m(\varphi^{(k)})$，$\bar{y} = \dfrac{\sum_{m=1}^{M} \sum_{j=1}^{n} q(m \mid y_j, \varphi^{(k)}) y_j}{n}$

$= \dfrac{\sum_{j=1}^{n} y_j}{n}$。

原始权重 $\hat{\pi} = (\hat{\pi}_1, \cdots, \hat{\pi}_M)$ 的估计为 $\hat{\pi}_m = c \dfrac{\hat{\alpha}_m}{1 - e^{-\hat{\lambda}_m t}}$，其中 c 由标准化

$\sum_{m=1}^{M} \hat{\pi}_m = 1$ 得来。

附录 B 风险分类模型 R 代码

############## Compound Poisson distribution with iSCAD penalty ##############
##导入软件包
library(actuar)
library(fAsianOptions)
library(MASS)
Log likelihood of sample

```
erlang.loglikelihood <- function(y,tau, lambda, theta, pi){
    x.densities <- outer(y,lambda,dcompound,tau,theta)
    x.densities[is.nan(x.densities)] = 3.481777e-44
    x.components <- sweep(x.densities,2,pi,FUN=" * ")
    likelihood.contribution <- rowSums(x.components)
    loglikelihood.contribution <- ifelse(likelihood.contribution>0,
                                log(likelihood.contribution), -1000)
    erlang.loglikelihood <- sum(loglikelihood.contribution)
    return(erlang.loglikelihood)
}
## Solve for alpha
fit.alpha <- function(pi, lambda, tau){
    c <- 1/(1-sum(pi * exp(-lambda * tau)))
    f<-numeric(length(lambda))
    m<-length(lambda)
```

```
    for( j in 1:m) {
        f[ j] <-1-exp( -lambda[ j] * tau)
    }
    alpha <- pi/f/c/sum( pi/f/c)
    return( alpha)
}
```

iSCAD function,注意次数的 lambda 不是泊松分布的强度 lambda,而是删减阈值
```
penalty<-function(lambda, pi) {
    varepsilon = lambda^1.5
    m = length( pi)
    a = m/( m-lambda)      # the only value of paramter a
    pi[ is.na( pi) ] = 1/m
    pen = vector( )
    for( j in 1:m) {
        pen[ j] <-ifelse( pi[ j] >a * lambda, lambda * ( log( ( a * lambda+varepsilon )/
varepsilon) +a^2 * lambda^2/2-a * lambda/( a * lambda+varepsilon) )
                        ,lambda * ( log( ( pi[ j] +varepsilon )/varepsilon) -pi[ j]^2/2+
( a * lambda-1/( a * lambda+varepsilon) ) ) * pi[ j] ) )
    }
    penalty<-sum( pen)
    penalty
}
```

density of a component,
```
dcompound <- function( y, tau,lambda, theta) {
    t<-tau * y * lambda/theta
    component<-exp( -lambda * tau-y/theta) * r_1( t)/( 1-exp( -lambda * tau) )/y
    return( component)
}
```

##mixture density 其中的 lambda 为向量
```
mixcompound<-function( y, tau,lambda, theta,pi) {
    component<-c( )
    m<-length( pi)
    for( i in 1:m) {
        component[ i] <-dcompound ( y, tau,lambda[ i], theta)
    }
    mix<-sum( pi * component)
    mix
```

```
}
##loglikelihood function with iSCAD penalty
erlang.ploglikelihood<-function(y,tau, lambda, theta, pi, b){
  n<-length(y)
  lamb<-b/n^0.5    # the order of the parameter lambda
  ploglikelihood <-erlang.loglikelihood(y,tau, lambda, theta, pi)-n * penalty(lamb,
pi)
  list(ploglikelihood=ploglikelihood,lamb=lamb)


}
```
####W(y)函数,其中 y 为向量,z 是矩阵。
```
Wfun<-function(y,tau,lambda,theta){
  w<-lambda * y * tau/theta
  r1 <-numeric(length(tau))
  r1<-r_1(w)
  rr <- ifelse(r1>0,   r1, 0.001)
  fun<-w * dr_1(w)/ rr
  fun
}
```
r_1(y)函数,其中 y 为正实数
```
library(fAsianOptions)
r_1<-function(y) {
  gamfun<-y^{1/2} * BesselI(2 * y^{1/2}, nu=1)
  gamfun[is.nan(gamfun)] = 3.481777e+44
  gamfun
}
```
r_1(y)函数的导数
```
dr_1<-function(y){
  dgamfun<- BesselI(2 * y^{1/2}, nu=1)/(2 * y^{1/2})+BesselDI(2 * y^{1/2},
nu=1)
  dgamfun[is.nan(dgamfun)] = 5.866656e+294
  dgamfun
}
```
##计算 W 向量(f2)
```
W<-function(y,tau,lambda,theta,pi){
  wmatrix <- outer(y,lambda,Wfun,tau,theta)
  z<-erlang.z(y,tau, lambda, theta, pi)
```

```
    f1<-colSums(wmatrix * z)
    f2<-colSums(z)
    w<-f1/f2
    w
}
####计算 tau 向量,见(f3)
taufun<-function(y,tau,lambda,theta,pi){
    z<-erlang.z(y,tau, lambda, theta, pi)
    f1<-colSums(tau * z)
    f2<-colSums(z)
    w<-f1/f2
    w
}
## E-M alogrithm with iSCAD penalty
## E-step: z_{ij}^{k} from kth iteration
erlang.z <-function(y,tau, lambda, theta, pi){
    x.densities <- outer(y,lambda,dcompound,tau,theta)
    x.components <- sweep(x.densities,2,pi,FUN=" * ")
    z <- sweep(x.components, 1, rowSums(x.components), FUN="/")
    # in case all z_{ij}^{k} for j=1,...,M are numerically 0
    z[is.nan(z)] = 1/length(lambda)
    return(z)
}
##参数迭代估计
compound.em<-function(y,tau,lambda, theta, pi, b, eps, print=TRUE){
    n <- length(y)
    iteration <- 0
    m<-length(pi)
    temp<-erlang.ploglikelihood(y,tau, lambda, theta, pi, b)
    ploglikelihood <-temp $ ploglikelihood
    loglikelihood<-erlang.loglikelihood(y,tau, lambda, theta, pi)
    lamb <- temp $ lamb
    a<-m/(m-lamb)
    old.ploglikelihood <- -Inf
    history.ploglikelihood <- ploglikelihood
    lambda1<-c()
    pi1<-c()
```

```
while( ploglikelihood − old.ploglikelihood > eps) {
    old.ploglikelihood <- ploglikelihood
    if( print) cat( " ploglikelihood = " , ploglikelihood, " loglikelihood = " , loglikeli-
hood, " lambda = " , lambda, " \n" , " m = " , m, " \n" , " lamb = " , lamb, " \n" , "
theta = " , theta, " pi = " , pi, " \n" )
    lambda1<−lambda
    m1<−length( lambda1)
    pi1<−pi
    theta1<−theta
    ploglikelihood1<−ploglikelihood
    loglikelihood1<−loglikelihood
    history.ploglikelihood <- c( history.ploglikelihood, ploglikelihood)
    iteration <- iteration + 1
    # E step
    z <- erlang.z( y, tau, lambda, theta, pi)
    # M step
    temppi1<−c( )
    temppi1<- colSums( z)/n
    m<−length( temppi1)
    a<−m/( m−lamb)
    temppi2<−c( )
    help1<−c( )
    for( i in 1 :m) {
        help1 [ i]< m * max( temppi1[ i] − lamb,0)/lamb
        temppi2[ i] <- help1[ i] * ( temppi1[ i] <= a * lamb) + temppi1[ i] *
( temppi1[ i] > a * lamb)
    }
    ###剔除低权重后可能产生 0 值,从而使 z0 产生 0 值,造成 W 和 taufun 产生
NA。为改善这种情况需要把 0 值 pi 和相应 lambda 提前删掉。#####
    templambda<−lambda[ temppi2>0]
    m<−length( templambda)
    pi<−temppi2[ temppi2>0]
    pi<−pi/sum( pi)
    tempz <- erlang.z( y, tau, templambda, theta, pi)

    lambda<−W( y, tau, templambda, theta, pi)/taufun( y, tau, templambda, theta, pi)
    Wwfun<−sum( W( y, tau, lambda, theta, pi) * pi)
```

```
    theta <- mean(y)/Wwfun

    ploglikelihood <- erlang.ploglikelihood(y,tau,lambda, theta, pi, b) $ ploglikeli-
hood
    loglikelihood<-erlang.loglikelihood(y,tau,lambda, theta, pi)
    if(print) cat("ploglikelihood = ", ploglikelihood, "loglikelihood =", loglikeli-
hood,"lambda = ", lambda, "\n","m = ", m, "\n", "theta = ", theta, "pi =
", pi, "\n")
    }
    z <- erlang.z(y,tau,lambda1,theta1,pi1)
    pi11<- colSums(z)/n
    dimnames(z) <- list(1:n, 1:m1)
    loc<-apply(z,1,function(t) colnames(z)[which.max(t)])############# loc
is vector
    x11<-data.frame(y,location=loc)
    x22<-data.frame(tau,location=loc)
    lis1<-split(x11 $ y, x11 $ location)
    lis2<-split(x22 $ tau, x22 $ location)
    spli<-list()
    splitau<-list()
    list(z=z,lambda=lambda1, m=m1, pi=pi11, theta=theta1, ploglikelihood=plog-
likelihood1, loglikelihood=loglikelihood1, history.ploglikelihood=history.ploglikelihood,
        iteration=iteration, lamb=lamb,spli=lis1,splitau =lis2,loc=loc,
        AIC=-2 * loglikelihood1+2 * (2 * m1+1),
        BIC=-2 * loglikelihood1+(2 * m1+1) * log(length(y)))
}
```

附录 C   数据运行过程

```
#####################表7-2中内容的估计过程####################
##
##数据的读取
amounts<- read.csv("C:/data.CSV")
is.data.frame(amounts)
amounts10<-as.vector(amounts $ 赔款金额)
```

```
##参数初始化
lambda<-c(1,2,3,10,30,50)
theta<-2000
pi<-c(0.8,0.09,0.01,0.001,0.001,0.001)
pi<-pi/sum(pi)
initial<-data.frame(lambda, theta, pi)
##参数估计
result10<-compound.em (amounts10,rep(1,length(amounts10)), initial $ lambda,
initial $ theta[1], initial $ pi, b=0.01, eps=0.0001, print=TRUE)
##对第一次结果进行尾部调整以适应数据的长尾性
lambda<-c(3.531928, 20.187055, 55.051805, 144.721889,300)
pi<-c(0.8729207, 0.083484404, 0.033878615, 0.009716310,0.001)
pi<-pi/sum(pi)
theta<-406.9202
result10<-data.frame(lambda, pi, theta)
```
##将调整后的 result10 作为算法新的初始值(运行时间很久,大约 3.5 小时),再次进参数估计
```
result20< - compound. em (amounts10, rep (1, length (amounts10)), result10
$ lambda, result10 $ theta[1], result10 $ pi, b=0.01, eps=0.0001, print=TRUE)
```
result20 所的结果记为论文中表 7-2 的内容。其他表格中的结果均基于这些估计结果和其实际意义估计得来。

参考文献

段白鸽,张连增,2015.考虑离群值的稳健链梯法[J].数理统计与管理.(6),
　　989-1006.

刘征宇,夏伟,刘宁波等,2015.基于主成分分析法的车险定价因子研究[J].
　　合肥工业大学学报(自然科学版),(3):419-423.

毛泽春,刘锦萼,2005.免赔额和NCD赔付条件下保险索赔次数的分布[J].
　　中国管理科学,(5):1-5.

毛泽春,刘锦萼,2008.指数类混合型索赔次数的分布及其应用[J].应用概率
　　统计,(24):1-11.

孟生旺,2007.未决赔款准备金评估模型的比较研究[J].统计与信息论坛,
　　22(5):5-9.

孟生旺,杨亮,2015.随机效应零膨胀索赔次数回归模型[J].统计研究,
　　(11):7-102.

杨亮,孟生旺,2017.零膨胀损失次数的贝叶斯分位回归模型[J].数量经济技
　　术经济研究,(34):149-160.

杨亮,孟生旺,2017.零膨胀损失次数的贝叶斯分位回归模型[J].数量经济
　　技术经济研究,(5):150-161.

殷崔红,杨亮,肖川,2019.索赔次数的开放式混合泊松分布研究[J].统计研
　　究,(3):100-112.

殷崔红,ZHOU Jun,王晓全,刘圆,2021.车险综合改革下的自主定价研究
　　[J].保险研究,(3):44-53.

闫春,李延星,孙晓红,刘志博,2015.考虑离群值的非寿险准备金案均赔款法
　　[J].保险研究,(11):15-24.

张连增,段白鸽,2012.行驶里程数对车险净保费的影响研究——基于公路

里程对交通事故损失的影响视角 [J]. 保险研究,(6):29-38.

张连增,孙维伟, 2012.车险索赔概率影响因素的 logistic 模型分析 [J]. 保险研究,(7):16-25.

AHN S M, 2009. Note on the consistency of a penalized maximum likelihood estimate[J]. Communications for statistical applications and methods, 16(4): 573-578.

AKAIKE H, 1973. Information theory and an extension of the maximum likelihood principle[J]. In second international symposium on information theory, Akademinai Kiado, 267-281.

AMEMIYA T, 1985. Advanced Econometrics[M]. Harvard university press.

ANTONIO K, PLAT R, 2014. Micro-level Stochastic Loss Reserving for General Insurance [J]. Scandinavian actuarial journal, (7):649-669.

ARJAS E, 1989. The claims reserving problem in non-life insurance: Some structural ideas [J]. Astin bulletin, 19(2):139-152.

ARYUYUEN S, BODHISUWAN W, ARYUYUEN S, et al., 2013. The negative binomial-generalized exponential (NB-GE) Distribution[J]. Applied mathematical sciences, 7(21): 1093-1105.

ARTZNER P, DELBAEN F, EBER J M, et al., 1999. Coherent measures of risk [J]. Mathematical finance, 9(3): 203-228.

BADESCU A L, GONG L, LIN X S, et al., 2015. Modeling correlated frequencies with application in operational risk management[J]. Journal of operational risk, 10(1): 1-43.

BARGES M, COSSETTE H, MARCEAU E, 2009. TVaR - based capital allocation with copulas[J]. Insurance: mathematics and economics, 45(3): 348-361.

BARGES M, LOISEL S, VENEL X, 2013. On finite-time ruin probabilities with reinsurance cycles influenced by large claims[J]. Scandinavian actuarial journal, 2013(3): 163-185.

BARTLE R G, 1995. The elements of integration and Lebesgue measure[M]. Jhon wiley and sons.

BEHRENS C N, LOPES H F, GAMERMAN D, 2004. Bayesian analysis of extreme events with threshold estimation [J]. Statistical modelling, 2004, 4

(3): 227-244.

BEIRLANT J, GOEGEBEUR Y, SEGERS J, et al., 2006. Statistics of extremes: Theory and applications[M]. John Wiley & Sons,Inc. New York.

BREIMAN L, 1996. Heuristics of instability and stabilization in model selection [J]. The annals of statistics, 24(6): 2350-2383.

CARREAU J, BENGIO Y, 2009. A hybrid pareto model for asymmetric fat-tail data: the univariate case[J]. Extremes, 12(1):53-76.

CARREAU J, BENGIO Y, 2009. A hybrid pareto mixture for conditional asymmetric fat-tailed distributions [J]. Neural Networks, IEEE Transactions on, 20(7): 1087-1101.

CEBRIAN A C, DENUIT M, LAMBERT P, 2003 Generalized Pareto fit to the society of actuaries large claims database [J]. North American actuarial journal, 7(3): 18-36.

CHEN J, KALBFLEISCH J D, 1996. Penalized minimum-distance estimates in finite mixture models[J]. Canadian journal of statistics, 24(2): 167-175.

CHEN J, KHALILI A, 2008. Order selection in finite mixture models with a non-smooth penalty[J]. Journal of the American statistical association, 103(484): 1674-1683.

CHEN J, LI P, 2009. Hypothesis test for normal mixture models: The EM approach[J]. Annals of statistics, 37(5A): 2523-2542.

CHEN J, LI P, FU Y, 2012. Inference on the order of a normal mixture[J]. Journal of the American statistical association, 107(499): 1096-1105.

CIUPERCA G, RIDOLFI A, IDIER J, 2003. Penalized maximum likelihood estimator for normal mixtures [J]. Scandinavian journal of statistics, 30(1): 45-59.

COLES S, BAWA J, TRENNER L, et al., 2001. An introduction to statistical modeling of extreme values[M]. London: Springer.

COSSETTE H, MAILHOT M, MARCEAU E, 2012. TVaR-based capital allocation for multivariate compound distributions with positive continuous claim amounts[J]. Insurance: mathematics and economics, 50(2): 247-256.

COSSETTE H, COTE M P, MARCEAU E, et al., 2013. Multivariate distribution defined with Farlie-Gumbel-Morgenstern copula and mixed Erlang marginals: aggregation and capital allocation[J]. Insurance: mathematics and economics, 52(3): 560-572.

DA SILVA W, RIBEIRO A M, CONCEIçãO K, et al., 2008. On zero-modified poisson-sujatha Distribution to model overdispersed count data [J]. Austrian journal of statistics, 47(3): 1-19.

DACUNHA, GASSIAT, 1997. Testing in locally conic models, and application to mixture models[J]. ESAIM: Probability and statistics, 1, 285-317.

DACUNHA, GASSIAT, 1999. Testing the order of a model using locally conic parametrization: population mixtures and stationary ARMA processes[J]. Annals of statistics, 27(4): 1178-1209.

DEMPSTER A P, LAIRD N M, RUBIN D B, 1977. Maximum Likelihood from Incomplete Data via the EM Algorithm[J]. Journal of the royal statistical society, Series B 39 (1): 1-38.

DONOHO D L, JOHNSTONE I M, 1994. Threshold selection for wavelet shrinkage of noisy data[C]. In Engineering Advances: New Opportunities for Biomedical Engineers, Proceedings of the 16th Annual International Conference of the IEEE, A24-A25.

EMBRECHTS P, KLÜPPELBERG C, MIKOSCH T, 2013. Modelling extremal events: for insurance and finance [M]. Springer science & business media. Berlin.

EMBRECHTS P, RESNICK S I, SAMORODNITSKY G, 1999. Extreme value theory as a risk management tool[J]. North american actuarial journal, 3(2): 30-41.

EUSTACE D, WEI H, 2010. The role of driver age and gender in motor vehicle fatal crashes [J]. Journal of transportation safety & security, 2(1): 28-44.

FAMOYE F, SINGH K P, 2006. Zero-inflated generalized poisson regression model with an application to domestic violence data[J]. Journal of data science, 117-130.

FAN J, LI R, 2001. Variable selection via nonconcave penalized likelihood and its oracle properties [J]. Journal of the American statistical association, 96 (456): 1348-1360.

FRANK L E, FRIEDMAN J H, 1993. A statistical view of some chemometrics regression tools[J]. Technometrics, 35(2): 109-135.

FRIGESSI A, HAUG O, RUE H, 2002. A dynamic mixture model for unsupervised tail estimation without threshold selection[J]. Extremes, 5(3): 219-235.

GENÇTÜRK Y, YIĞITER A, 2016. Modelling claim number using a new mixture model: negative binomial gamma distribution [J]. Journal of statistical computation and simulation. 86(10): 1829-1839.

GONG L, BADESCU A L, CHEUNG E C, 2012. Recursive methods for a multidimensional risk process with common shocks[J]. Insurance: Mathematics and economics, 50(1): 109-120.

GÜTSCHOW T, KLAUS TH HESS, KLAUS D S, 2018. Separation of small and Large claims on the basis of collective models [J]. Scandinavian actuarial journal, 6:529-544.

HASHORVA E, RATOVOMIRIJA G, 2015. On Sarmanov mixed Erlang risks in insurance applications[J]. ASTIN bulletin, 45(01): 175-205.

HUANG T, PENG H, ZHANG K,2017. Model Selection for Gaussian Mixture Models[J]. Statistics Sinica. 27(1):147-169.

HYNDMAN R J, FAN Y, 1996. Sample quantiles in statistical packages[J]. American statistician, 50(4): 361-365.

JACKMAN S, KLEIBER C, ZEILEIS A, 2008. Regression models for count data in r[J]. Journal of statistical software, 27(8): 1-25.

JAMES L F, PRIEBE C E, MARCHETTE D J, 2001. Consistent estimation of mixture complexity[J]. Annals of statistics, 29(5): 1281-1296.

JOE H, ZHU R, 2010. Generalized poisson distribution: the property of mixture of poisson and comparison with negative binomial distribution[J]. Biometrical journal, 47(2): 219-229.

KASS R E, WASSERMAN L, 1995. A reference bayesian test for nested hypotheses and its relationship to the schwarz criterion[J]. Journal of the American statistical association, 90(431): 928-934.

KERIBIN C, 2000. Consistent estimation of the order of mixture models[J]. Sankhya: The Indian journal of statistics, Series A, 49-66.

KLUGMAN S A, PANJER H H, WILLMOT G E,2012. Loss Models: From Data to Decisions[M]. Third edition. Wiley InterScience. New York.

LANDRIAULT D, WILLMOT G E, 2009. On the joint distributions of the time to ruin, the surplus prior to ruin, and the deficit at ruin in the classical risk model[J]. North American actuarial journal, 13(2): 252-270.

LEE S C, LIN X S, 2010. Modeling and evaluating insurance losses via mixtures of Erlang distributions[J]. North American actuarial journal, 14(1): 107-130.

LEE S C, LIN X S, 2012. Modeling dependent risks with multivariate Erlang mixtures[J]. Astin Bulletin, 42(01): 153-180.

LEE D, LI W K, WONG T S T, 2012. Modeling insurance claims via a mixture exponential model combined with peaks-over-threshold approach[J]. Insurance: mathematics and economics, 51(3): 538-550.

LEHMANN E L, CASELLA G, 1998. Theory of point estimation[M]. Springer Science & Business Media. Berlin.

LEROUX B G, 1992. Consistent estimation of a mixing distribution[J]. Annals of Statistics, 20(3): 1350-1360.

LIM H K, LI W K, YU P L H, 2014. Zero-inflated poisson regression mixture model [J]. Computational statistics & data analysis. 2014 (71): 151-158.

LIN X S, WILLMOT G E, 2000. The moments of the time of ruin, the surplus before ruin, and the deficit at ruin [J]. Insurance: Mathematics and economics, 27(1): 19-44.

LITTLE R J, RUBIN D B, 1987. Wiley series in probability and statistics[J]. Statistical analysis with missing data, second edition, 383-389.

LOURENS P F, VISSERS J A, JESSURUN M, 1999. Annual mileage, driving violations, and accident involvement in relation to drivers' sex, age, and level of education [J]. Accident analysis and prevention. 31(5): 593-597.

MARX B D, SMITH E P, 1990. Weighted multicollinearity in logistic regression: diagnostics and biased estimation techniques with an example from lake acidification [J]. Canadian journal of fisheries and aquatic sciences. 47 (6): 1128-1135.

MCCULLAGH P, NELDER J A., 1989. Generalized linear models [J]. European journal of operational research. 16 (3): 285-292.

MCLACHLAN G J, KRISHNAN T,2007. The EM algorithm and extensions, second edition [M]. Wiley InterScience. New York.

MACDONALD A, SCARROTT C J, LEE D, et al., 2011. A flexible extreme value mixture model[J]. Computational statistics & data analysis, 55(6): 2137-2157.

MCNEIL A J, 1997. Estimating the tails of loss severity distributions using extreme value theory[J]. ASTIN bulletin, 27(01): 117-137.

MCNEIL A J, FREY R P, 2005. Quantitative risk management: concepts, techniques, and tools[M]. Princeton University Press. Oxfordshire.

MELO MENDES B V, LOPES H F,2004. Data driven estimates for mixtures[J]. Computational statistics & data analysis, 47(3): 583-598.

NEWEY W K, MCFADDEN D, 1994. Large sample estimation and hypothesis testing[M]. Handbook of econometrics, 4, 2111-2245.North Holland. Netherlands.

NORBERG R,1993. Prediction of outstanding liabilities in non-life insurance [J]. Astin bulletin, 13(2):95-115.

NORBERG R,1999. Prediction of outstanding liabilities[J]. Astin bulletin, 29 (1): 5-27.

PICKANDS III J,1975. Statistical inference using extreme order statistics [J]. The annals of statistics: 119-131.

PORTH L, ZHU W, TAN K S, 2014. A credibility-based Erlang mixture model for pricing crop reinsurance[J]. Agricultural finance review, 74(2): 162-187.

REDNER R, 1981. Note on the consistency of the maximum likelihood estimate for nonidentifiable distributions[J]. The annals of statistics, 225-228.

RESNICK, SIDNEY I, 1997. Discussion of the Danish data on large fire insurance losses[J]. Astin bulletin 27. 01: 139-151.

RICHARDSON J, KIM K, LI L, et al., 1996. Patterns of motor vehicle crash involvement by driver age and sex in Hawaii [J]. Journal of safety research. 27 (2): 117-125.

RIEGEL U A,2014. Bifurcation approach for attritional and large losses in chain ladder calculations [J]. Astin bulletin, 44:127-172.

RIEGEL U, 2016. Bifurcation of attritional and large losses in an additive IBNR environment [J]. Scandinavian actuarial journal, 7:604-623.

ROYDEN H L, 1988. Real analysis[M]. Prentice Hall.

SCHWARZ G, 1978. Estimating the dimension of a model[J]. The annals of statistics, 6(2): 461-464.

SHIBATA R, 1986. Consistency of model selection and parameter estimation[J]. Journal of applied probability, 23, 127-141.

SIMON L J, 1961. Fitting negative binomial distributions by the method of maximum likelihood[J]. Proceedings of the casualty actuarial society, (48): 45-53.

SHOUKRI M M, ASYALI M H, VANDORP R, et al., 2004. The poisson inverse gaussian regression model in the analysis of clustered counts data[J]. Journal of Data ence, 2(1): 17-32.

TAUCHEN G, 1985. Diagnostic testing and evaluation of maximum likelihood models[J]. Journal of econometrics, 30(1-2): 415-443.

TEICHER H, 1963. Identifiability of finite mixtures[J]. Annals of mathematical Statistics, 34(4): 1265-1269.

TIBSHIRANI R, 1996. Regression shrinkage and selection via the lasso[J]. Journal of the royal statistical society, series B (Methodological): 58(1): 267-288.

TIJMS H C, 2003. A first course in stochastic models[M]. John Wiley & Sons. Inc. New York.

TSAI C C L, WILLMOT G E, 2002. On the moments of the surplus process perturbed by diffusion[J]. Insurance: mathematics and economics, 31(3): 327-350.

VERBELEN R, ANTONIO K, BADESCU A, et al., 2015. Fitting mixtures of erlangs to censored and truncated data using the EM algorithm[J]. Astin bulletin, 45(3): 729-758.

VERBELEN R, ANTONIO K, CLAESKENS G, 2015. Multivariate mixtures of erlangs for density estimation under censoring[J]. Lifetime data analysis, to appear.

VERDONCK T, VAN WOUWE M, DHAENE J A, 2009. Robustification of the chain-ladder method [J]. The North American actuarial journal, 13(2):280 -298.

WALD A,1949. Note on the consistency of the maximum likelihood estimate[J]. The annals of mathematical statistics, 20(4): 595-601.

WILLMOT G E, WOO J K,2007. On the class of Erlang mixtures with risk theoretic applications[J]. North American actuarial journal, 11(2): 99-115.

WILLMOT G E, WOO J K,2015. On some properties of a class of multivariate erlang mixtures with insurance applications [J]. ASTIN bulletin, 45(1): 151-173.

WITHERS C S,NADARAJAH S,2011. On the compound poisson-gamma distribution[J]. Kybernetika, 47(1):15-37.

YAKOWITZ S J, SPRAGINS J D,1968. On the identifiability of finite mixtures [J]. The annals of mathematical statistics, 209-214.

YIN C, LIN X S, HUANG R, et al.,2016. On the consistency of a Penalized MLE for Eralng Mixture[J]. Statistics and probability letters, 145, 12-20.

YIN C, LIN X S,2016. Efficient estimation of Erlang mixtures using iSCAD penalty with insurance application [J]. Astin bulletin: the journal of the IAA, 46 (3):779-799.

YIP K C H, YAU K K W,2005. On modeling claim frequency data in general insurance with extra zeros [J].Insurance mathematics & economics, 36 (2): 153-163.